MANUEL

DU

PÉLERIN

A

Notre-Dame du Chêne

(Saint-Martin-de-Connée. — Mayenne)

Si insurgant venti tentationum,
si incurras scopulos tribulationum,
respice stellam, invoca Mariam.

Si vous êtes assailli par les vents
des tentations, si vous rencontrez
les écueils des tribulations, regardez l'étoile, invoquez Marie.

Troisième Édition

CE LIVRE SE VEND AU PROFIT DE LA CHAPELLE

LAVAL

Typog. de Mary-Beauchêne, imprimeur-libraire de l'Évêché

1865

RECITANDI

MISSÆQUE CELEBRANDÆ

JUXTA RITUM

SANCTÆ ROMANÆ ECCLESIÆ,

IN TOTA DIOECESI VALLEGUIDONENSI SERVANDUS

Pro Anno Domini 1863,

PASCHA OCCURRENTE DIE 5 APRILIS,

Jussu Illustrissimi ac Reverendissimi

DD. Casimiri-Alexii-J. Wicart,

EPISCOPI VALLEGUIDONENSIS.

Valle Guidonis

EX TYPIS ANSELMI MARY-BEAUCHÊNE,

RR ... EPISCOPI VALLEGUIDONENSIS TYPOGRAPHI ET BIBLIOPOLÆ,

Via vulgo dicta *des Béliers*, 2.

MANUEL

DU PÉLERIN

A

NOTRE-DAME DU CHÊNE

(Saint-Martin-de-Connée)

(MAYENNE)

ÉVÊCHÉ DE LAVAL.

⸺❦⸺

PERMIS D'IMPRIMER.

Laval, 25 mars 1862.

VINCENT,

Vic. gén.

MANUEL

DU

PÉLERIN

A

NOTRE-DAME DU CHÊNE

(Saint-Martin-de-Connée. — Mayenne)

Si insurgant venti tentationum,
si incurras scopulos tribulationum,
respice stellam, invoca Mariam.

Si vous êtes assailli par les vents
des tentations, si vous rencontrez
les écueils des tribulations, regardez l'étoile, invoquez Marie.

Troisième Édition

CE LIVRE SE VEND AU PROFIT DE LA CHAPELLE

LAVAL

Typog. de Mary-Beauchêne, imprimeur-libraire de l'Évêché

1862

DÉCLARATION DE L'AUTEUR.

Fils humble et respectueux de la sainte
Église Romaine que nous vénérons du
plus profond de notre cœur et à laquelle
nous espérons bien, avec la grâce de Dieu,
rester attaché jusqu'à la mort, nous dé-
clarons nous soumettre pleinement et entièrement à ses décisions. C'est donc dans
le sens voulu par la bulle d'Urbain VIII
qne doit être entendu tout ce que nous
disons dans cette petite Notice.

Le jour de Notre-Dame-Auxiliatrice 1861.

A. BRESSIN, *Curé.*

PAROISSE

DE

SAINT-MARTIN-DE-CONNÉE

Notre-Dame du Chêne

PRÉFACE DE LA TROISIÈME ÉDITION.

Marie, qu'avec amour nous nommons notre mère, ayant daigné regarder d'un œil favorable le petit et bien imparfait travail que nous avions entrepris pour sa gloire, les deux premières éditions de la Notice sur la Chapelle de Notre-Dame du Chêne ont été enlevées en moins de deux ans, de sorte que nous nous trouvons dans l'heureuse nécessité d'en donner une troisième. Nous avons compris les obligations que nous imposait un pareil accueil. Nous avons tâché de faire disparaître les fautes que notre inexpérience nous avait fait commettre et que les travaux du ministère ne nous avaient pas laissé le loisir de corriger. Nous avons profité des avis charitables qui nous ont été donnés. Ainsi, on nous demandait des preuves de la confiance que méritait M. l'abbé Caillard, dont nous invoquons le témoignage : nous les fournissons à la fin de la Notice. On nous demandait plus de noms propres ; nous en donnons. Nous avons pu nous livrer à des recherches longues, pénibles, mais fructueuses, qui nous ont fourni l'histoire que nous n'avions pas de notre bien-aimé sanctuaire, et nous ont fixé d'une manière positive sur son fondateur. Ces renseignements que nous avons eu le bonheur de trouver, nous viennent des sources les plus authentiques. Il nous ont été fournis par les descendants de M. de Belin, ce qui reste du chartrier de l'ancien château du Plessis en St-Gervais-en-Belin, les archives du Mans et de Laval, les notaires de St-Martin-de-Connée, de Villaines, Courcité et Izé, les anciens papiers de famille que bien des personnes de cette paroisse ont eu l'obligeance de nous confier. Dom Piolin, M. l'abbé Lochet et M. l'abbé Voisin nous ont prêté avec la plus grande charité leur pieux et savant concours. En un mot, nous avons frappé à toutes les portes d'où nous espérions un peu de lumière. Que tous ceux qui nous sont venus en aide avec tant de bonne volonté pour cette œuvre de piété, veuillent bien trouver ici l'expression de notre vive reconnaissance. Daigne Marie agréer notre nouveau travail et le faire servir à développer envers Elle l'amour des hommes.

Saint-Martin-de-Connée, le 25 février 1862, jour de la Commémoration de la Passion de N, S. J.-C.

AVANT - PROPOS.

Parmi les sanctuaires élevés par les fidèles en
l'honneur de l'auguste Marie, depuis le commencement du christianisme, la plupart doivent leur
origine à quelques faits prodigieux ou à quelques
grâces éclatantes obtenues en ces endroits. Ces
prodiges étaient le signe donné par Marie elle-
même pour désigner le lieu qu'elle s'était choisi
pour y être honorée d'une manière particulière et
pour y faire éclater sa bonté. Dans tous les temps
on a compris, en effet, que Dieu avait le pouvoir
de choisir certains lieux privilégiés où il recevait
de préférence les vœux du genre humain et ré-
pondait à ces vœux par des manifestations de sa
puissance et de sa tendresse. C'est ainsi que l'ont
toujours interprété les populations voisines de ces
lieux, s'empressant de s'y transporter avec confiance. Leur confiance n'a point été vaine ; ces
lieux sont devenus saints pour elles : elles ont dit

à leurs enfants, comme Josué disait aux Hébreux :
Ce monument a été élevé en témoignage de tel fait ;
et la tradition a été la seule et véritable histoire
de ces lieux de pélerinage.

Ainsi en est-il de notre chapelle de Notre-Dame
du Chêne, dont nous entreprenons de retracer
l'histoire en ce moment.

Le nombreux concours de pélerins qui, pendant
toute l'année, viennent implorer Notre-Dame du
Chêne, et surtout l'enthousiasme qui s'est mani-
festé dans tout le pays, lorsqu'au mois d'octobre
de l'année 1860, la statue vénérée a été retrouvée
et reportée solennellement dans le béni sanctuaire,
nous ont suggéré le désir d'offrir un aliment à la
piété de ces bons fidèles, en leur faisant connaître
l'origine de ce pélerinage, ses titres à leur confiance, et en remettant entre leurs mains des prières convenables pour ce lieu où la Reine des Cieux
veut apparaître comme Notre-Dame-de-Douleurs,
afin d'être la consolatrice des affligés.

Nous prions et supplions les pélerins de Notre-
Dame du Chêne de ne pas se livrer à des actes
d'une piété mal entendue, qui, loin de plaire à la
Mère de Dieu, ne pourraient que vivement la con-

trister. Nous avons eu connaissance par exemple de personnes qui, pour faire un pélerinage, manquaient la sainte messe au saint jour du dimanche. Pourrait-on obtenir des faveurs de la bonne Mère en outrageant son divin Fils ? Quelle ignorance de la part de ces personnes ! Combien au contraire est rationnelle et édifiante la conduite de ces domestiques ou autres personnes qui, ne pouvant faire ce pélerinage que le dimanche, partent de très-grand matin, et s'enviennent assister à la messe paroissiale et même y communier, puis ont tout le temps pour satisfaire leur dévotion. En général, à moins de ne pas être maître de son temps, les pélerinages ne se doivent pas faire le dimanche, mais sur la semaine. Sur la semaine seulement, on peut assister au saint sacrifice de la messe à la chapelle, ce à quoi tout pélerin doit tenir beaucoup. Or tous les samedis de l'année, une messe s'y dit à 7 heures en été, 8 heures en hiver, et une autre immédiatement après. Les autres jours l'heure n'est pas fixe. Le jour de la fête patronale, 25 mars, la messe solennelle s'y dit également à 8 heures.

NOTRE-DAME DU CHÊNE.

I.

Origine de ce Sanctuaire.

Dans le canton de Bais (Mayenne), à égale distance à peu près de Bais et de Sillé, à 3 kilomètres du bourg de Saint-Martin-de-Connée, sur le chemin vicinal qui conduit de ce bourg à celui de Saint-Thomas-de-Courceriers, tout près de l'usine d'Orthes, dans un site enchanteur, est situé un village composé d'une dizaine de feux et nommé le village de *La Chapelle-du-Chêne.*

Au milieu de ce village, sur une petite place se trouve, en effet, une chapelle d'un aspect tout simple, tout modeste, tout pauvre même, mais chapelle cependant bien riche et bien belle, riche en souvenirs, riche en trésors de grâces, et belle par la foi, par la piété de ceux qu'on y voit prier; belle par l'attrait qu'on y ressent, lorsqu'on est à genoux au pied de ce chêne séculaire, qui a dû être témoin de quelque chose d'extraordinaire, et qui a vu tant de générations l'entourer avec amour; belle, lorsque l'on contemple cette *Notre-Dame-de-Pitié,* dont la figure expressive pénètre le cœur et le remue profondément.

Ce chêne, qui se trouve à droite de l'autel, justifie le titre donné à cette chapelle; mais il prouve aussi que ce lieu n'a pas toujours été consacré au culte divin. Il fut une époque, en effet, non très-ancienne, où cette chapelle et toutes les maisons formant le village actuel n'existaient pas.

Alors il n'y avait qu'une seule maison ; cette maison est celle qui ayant un grand escalier en pierres, est située au haut du village, à 150 mètres environ de la chapelle : c'était là la *Grande-Métairie*. Tout le terrain environnant était ou prairies ou champs en dépendant. De cette ferme il y avait un chemin qui, passant par le village de la Motte, conduisait au château d'Orthe, dont elle dépendait. Ce chemin longeait, dans un endroit, une grande prairie dont une partie est actuellement occupée par la chapelle ; une autre partie a été défrichée et employée à d'autres usages, et une autre partie reste encore de l'autre côté de la route qui se trouve en face de la porte de la chapelle. Sur le bord de ce petit chemin donc, se trouvait un chêne dans lequel était placée à 3 mètres au-dessus du sol, une statue de Marie, une Notre-Dame-de-Pitié tenant sur ses genoux Notre-Seigneur après la descente de la croix. Or c'étaient le lieu et la statue que la Reine des Cieux avait choisis pour en faire le sanctuaire de ses libéralités et le signe destiné à montrer qu'elle est le *Réfuge des pécheurs*, la *Consolatrice des affligés*, la *Mère aimable*, la *Vierge puissante*. C'était là qu'elle attendait un grand pécheur pour le convertir et faire savoir par lui que là elle aimerait à être honorée, là elle aimerait à entendre nos prières.

Vous avez peut-être entendu parler des seigneurs d'Averton, comtes de Belin. Ils ont figuré avec éclat dans les croisades, du temps de saint-Louis ; Baudouin comme sénéchal et Guy comme connétable de Chypre. Leurs immenses possessions, tant dans la Sarthe que dans la Mayenne, ont rendu leur nom familier à tout le monde. Dans la Sarthe ils possédaient : Saint-Gervai s-en-Belin, Saint-Ouën-en-Belin, Moncé, Laigné, Teloché, Saint-Biez, en un mot tout le Belinois (1), c'est-à-dire

(1) M. Cauvin, *Géographie ancienne du diocèse du Mans*. (Voir pièces justificatives A.)

vingt-quatre paroisses, et même Ecommoy jusqu'en 1376. Dans la Mayenne : Averton et une partie des paroisses environnantes, comme Courcité, Saint-Paul, Pré-en-Pail, la Forêt, Hardanges, Chevaigné, Tessé, la baronnie d'Orthes et une infinité de terres répandues çà et là, portant encore le nom de la Belinière. Le train qu'ils menaient était en proportion de leur fortune ; c'était un train royal. Leur château d'Averton, avec son magnifique pérystyle aux nombreuses colonnes geminées à tous les étages et ses lambris dorés, était une habitation vraiment digne d'un prince. Ces seigneurs étaient aussi de petits rois. La tradition a conservé le souvenir du faste et de la splendeur qu'ils déployaient, lorsqu'ils revenaient de la cour. Elle a surtout conservé la mémoire de l'un d'eux, que *son caractère bouillant et impétueux avait rendu redoutable.*

Elle rapporte sur son compte mille histoires terribles et fantastiques. Elle raconte, entre autres, qu'un jour monté sur son cheval blanc nommé l'*Oiseau* à cause de sa grande vitesse, étant poursuivi dans la ville du Mans, il descendit au galop les Pans-de-Gorron, que l'on sait si escarpés. C'est ce grand seigneur à l'âme hautaine, hardie et impétueuse, et tout livré à ses plaisirs et à la gloire de ce monde, que Marie regarda en pitié, et qu'elle choisit pour en faire le héraut de ses miséricordes.

Ce seigneur donc était venu à son château d'Orthe, distant de quatre lieues environ d'Averton. Il visitait ses propriétés voisines, et en se promenant sur sa *Grande-Métairie*, il était arrivé près du chêne que l'on voit dans la chapelle. Là aussi se trouvait un bœuf, le plus beau et le plus gras de la ferme. Tandis que les autres bœufs paissaient dans la prairie, celui-là, au grand étonnement de chacun, était toujours debout auprès du chêne et comme en contemplation devant la statue. On

ne comprenait pas comment il pouvait
être si frais et si vigoureux, puisque jamais on ne le voyait manger. D'après le
portrait que la tradition nous fait de ce
M. de Belin, on est porté tout naturellement à penser que, voyant le bœuf dans
cette position, il aura voulu le chssser de
là et l'envoyer paître avec les autres. Toujours est-il que l'animal, d'ordinaire si
doux, si paisible, entra en fureur contre
M. de Belin et se disposa à le mettre en
pièces. Pressé et serré de près par l'animal
furieux, M. de Belin se voit perdu ; il se
jette à genoux au pied de la statue qu'il
aperçoit, il se réclame à la Mère de douleurs, réfuge des pécheurs, fait vœu de
se convertir, de faire une rude pénitence,
— de venir depuis Averton avec des pois
ronds dans ses souliers, — de faire bâtir
une chapelle en cet endroit, si Marie a
pitié de lui. A l'instant, l'animal s'apaise
et M. de Belin est sauvé, sauvé pour le
temps, sauvé pour l'éternité. Car la tradi-

tion ajoute que ce puissant seigneur a tenu à ses promesses, qu'il a réparé par une vie édifiante les scandales qu'il avait pu causer autrefois, et qu'il est mort saintement ; qu'il a été un exemple frappant des miséricordes infinies du Seigneur, tandis que son épouse, au contraire, a été un terrible châtiment de sa justice.

Voilà la tradition, tradition vive comme au premier jour, tradition conservée à 10 lieues autour de Saint-Martin-de-Connée, tradition uniforme et constante, corroborée par les documents suivants :

1° Le chêne, que chacun vient baiser avec respect et dont tous veulent emporter un petit morceau comme une relique, est renfermé précieusement dans l'intérieur de la chapelle. L'espèce de bourrelet formé par l'écorce tout autour de la châsse dans laquelle se trouve la statue, prouve que ce chêne était encore plein de vie lorsque la statue y a été placée.

2° Le tableau qui forme le fond de l'au-

tel représente le bœuf d'un côté du chêne
et de l'autre M. de Belin dans une posture
qui peint une grande détresse. Ce tableau,
il est vrai, est tout récent, assez mal fait
et n'est là qu'en attendant (1); mais il n'est
que la reproduction d'un autre extrêmement ancien qu'il recouvre. Sur cet ancien tableau, aux trois quarts effacé par
les ans, se trouve le chêne avec l'image
de la statue, M. de Belin et le bœuf.

3º Le troisième document se trouve
écrit dans les peintures qui se voient aux
lambris. Le premier panneau sur la petite
porte de la chapelle nous montre en effet
M. de Belin tout échevelé, tout éperdu et
prosterné au pied du chêne dans lequel
se trouve la statue. Un autre panneau à
côté nous présente le bœuf aussi, près du
chêne. Les autres panneaux retracent les

(1) Nous devrons celui qui le remplacera bientôt au talent, à la piété et à la générosité de l'artiste de notre pays, M. L. de la Touche, dont les
œuvres sont trop connues et recherchées pour que
nous nous permettions d'en vouloir faire l'éloge.

différents points de vue que pouvait re-
présenter le chêne, ou les nombreux pélerins qui, dès l'origine, sont accourus,
ou quelqu'autre circonstance ayant trait
au seigneur d'Averton. Or ces peintures
sont de 1681. La tradition est donc parfaitement appuyée, d'autant plus que les
titres ayant trait à l'origine de cette chapelle ont été entre les mains de MM. les
curés de Saint-Martin jusqu'en 1791 ; car
voici ce que nous trouvons dans l'inventaire de M. Jérôme Drouynot, le 6 mai
1730 (1) : Item une liasse de *cinq pièces*
« concernant la *fondation* de Nostre Dame
« du Chesne, sise dans ladite paroisse de
« Saint-Martin-de-Connée. » Or personne
ne fera l'injure à ces curés, surtout à des
prêtres du poids de M. Drouynot, docteur
de Sorbonne, et souvent qualifié du titre
de *scientifique personne*, de M. Duperray (2),
frère du grand canoniste, et lui-même

(1) Inventaire par Mᵉ Guillaume Tarot,
(2) Curé de 1684 à 1686.

gradué en l'Université de Paris, de les accuser d'avoir laissé l'erreur s'introduire dans leur troupeau, tandis qu'ils avaient en main les pièces mêmes de la fondation de cette chapelle.

Ici se place naturellement une question. Quand est arrivé cet évènement ? Quand par conséquent a été bâti ce sanctuaire ? Ces titres, dont nous parlions à l'instant, contenaient une réponse aussi claire qu'irréfragable. Malheureusement ils ont été détruits ; le procès-verbal suivant renseignera à ce sujet (1). Nous le transcrivons sans y rien changer. « Le dix-neuf juillet « mil sept cent quatre-vingt-onze, sur les « neuf heures et demie du matin après « avoir pris communication du procès- « verbal de messieurs les administrateurs « du directoire du district d'Evron en « date du huit du courant a nous adres- « sé, qui nous andjoint de faire dans le « plus bref delay un inventaire de tous

(1) Registres de la municipalité.

« les titre et papier dependant du side-
« vant temporel de la cure de Connée
« nous nous somme en consequance
« transporté au presbitaire du dit ou y
« etant entre en la cuisine nous y avons
« trouve Jeanne Derouard servante do-
« mestique du sieur Jacques Burin side-
« vant cure et le sieur Jumeau ami dudit
« sieur cure, après leur avoir declare les
« motif de notre transports, nous les
« avons requis de nous represanter tous
« les titre et papier dependant du side-
« vant temporel de la cure insi que les
« registre de bapteme mariage et sepul-
« ture. Nous avons examine une liasse
« pièces cote C.. . . . .
« 4º une liasse cote F contenant six pièces
« pour la chapelle du chene.. . . . . . .
« qui sont tous les titres et papier qui
« nous ont été présente, lesquels seront
« envoillés à MM. les administrateurs.
« P. Boré, V. Blanche, L. Launay. »

Nos recherches, soit dans la paroisse,

soit au district, au greffe comme aux archives du département, pour retrouver
ces titres, ont été inutiles. Ainsi ils sont
détruits, et c'est une perte irréparable.
Malgré cela nous pouvons assigner à dix
ans près l'époque de l'évènement qui nous
occupe. Il n'y a rien dans la chapelle, il
est vrai, qui puisse nous l'apprendre. La
construction ne donne aucun renseigne-
ment ; c'est tout simplement un pâté de
maçonnerie sans aucune architecture.
Tout ce que l'on peut conclure de l'exa-
men des murailles, c'est qu'elles doivent
remonter à une époque déjà un peu recu-
lée, puisque le portail s'est écroulé vers
1805 ou 1806 et a été rebâti par les soins
de M. le curé Chauveau. Le rétable de
l'autel est assez récent ; il a été donné en
1730 par Mathurin Launay (1) de la Ti-
sonnière, qui avait cent livres de revenu
et a réuni ses rentes de trois années pour

(1) Testament devant Me Guillaume Tarot.

cela. Le chiffre de 1681, qui se trouve peint au premier des tirans en face de l'autel, ne dit rien non plus, si ce n'est la date des peintures des lambris. Il n'indique certainement pas l'époque de la construction :

1º Parce que en 1684 la chapelle avait besoin de réparations assez importantes, comme le prouvent les difficultés qui s'élevèrent à la mort de M. de Martigné, entre ses héritiers et la paroisse, si bien que le 16 juillet (1), à l'issue de la messe paroissiale, les habitants réunis à la porte de l'église, dans le cimetière, lieu habituel

(1) *Résultat* des habitants de Saint-Martin-de-Connée. — A cette époque toutes les affaires de paroisse se traitaient en public. En vertu d'un billet du procureur de fabrique ou du procureur syndic, selon la nature de l'objet en question, lu le dimanche au prône de la messe paroissiale, les habitants se réunissaient, au son de la cloche, à la porte de l'église, après l'office ; l'affaire était exposée par celui qui était chargé de la gérer, les habitants délibéraient, le notaire écrivait les résolutions et les notables signaient le *résultat*.

de leurs assemblées, chargèrent Macé
Royer (leur procureur syndic) de faire le
voyage du Mans pour y prendre avis de
« deux consultants pour sçavoir si les
« dicts habitans ne sont point en droit de
« demander que les héritiers du deffunct
« sieur curé satisfassent aux réparations
« de la chapelle de Notre Dame du Ches-
« ne. ; . . . et sur l'avis qui interviendra
« fournir à l'exploit des dicts héritiers. »

2° La rente de dix livres huit sols deux
deniers, affectée sur le lieu des Pommiers
et amortie en 1842 par la famille Pinson,
avait été léguée en 1670 par M. Jacques
Le Maignan (1) au *chapelain* de Notre-
Dame du Chêne.

3° M. l'abbé Jean Breust, pour qui chaque année nous disons encore une messe
à Notre-Dame du Chêne, en vertu de son
testament par lequel il grevait à cette fin
d'une rente de six livres le champ des

(1) Acte devant Mᵉ Chaillou, notaire à Saint-
Rémy.

Rotcs, au lieu de la Blanchardière, est mort le 16 novembre 1681. Or il était *chapelain* (1) de la chapelle de Notre-Dame du Chêne et il habitait la Blanchardière depuis 1638.

Tout cela donc ne nous donne point l'époque que nous cherchons ; mais les traditions populaires pourront nous fournir quelques indications utiles.

Le lecteur voudra bien me permettre d'exposer ici, dans toute leur naïveté et leur merveilleux, les traits de la légende capables de nous éclairer :

« Monsieur de Belin, disent les habi-
« tants du pays, était d'un caractère im-
« périeux. Il avait toujours les armes à
« la main et comptait pour peu la vie
« d'un homme. Lorsque les métayers,
« dans les champs, réunis pour dîner,
« puisaient avec leurs cuillères en bois
« dans le plat commun, M. de Belin ve-

(1) Reconnaissance de la rente devant M° Michel Dufour, notaire à Sainte-Suzanne (1681).

« nait s'asseoir au milieu d'eux, taillait
« dans le pain une espèce de cuillère,
« pu's, après s'en être servi quelques
« instants pour tirer au plat à tour de
« rôle, il la mangeait et prenait ses armes
« en disant : « Que chacun mange la
« sienne, ou je le tue..... » Condamné à
« mort, il s'évada de prison et de Paris...
« Bouillant, hardi et audacieux, il n'a dû
« sa conservation dans plusieurs circons-
« tances qu'à l'agilité merveilleuse de son
« cheval, nommé l'*Oiseau*. Aussi avait-il
« les soins les plus grands pour ce fidèle
« compagnon, qui cependant mourut des
« suites de blessures reçues dans un com-
« bat. Ce cheval extraordinaire était le
« démon même ; il a imprimé son talon
« sur un bloc de granit cubant huit mè-
« tres, connu depuis ce temps sous le
« nom de *pierre talonnée*, et qui se voit à
« deux kilomètres de la chapelle, sur le
« chemin tendant à Saint-Thomas-de-
« Courceriers. Madame de Belin qui d'a-

« bord avait vécu chrétiennement, se
« livra pendant son veuvage à une vie
« licencieuse, disant : « puisque M. de
« Belin est sauvé, je n'ai qu'à me diver-
« tir, puis je me convertirai et je serai
« sauvée comme lui. » Mais elle est morte
« impénitente, elle est damnée, et toutes
« les nuits elle revient dans un char de
« feu traîné par des coursiers vomissant
« le feu par la bouche et par les naseaux,
« partant du château de la Chasseguerre
« en Hardanges et passant par Villaines,
« pour venir traverser la forêt de Pail, et
« par la pyramide arriver à la Tour de
« Pas du parc d'Averton. »

Écartons tout le merveilleux, nous trou-
verons : 1º que M. de Belin vivait à une
époque de guerres et surtout de guerres
civiles ; qu'il a figuré dans des batailles,
dans les affaires qui se sont passées au
Mans, qu'il a été prisonnier, qu'il lui est
arrivé quelque aventure près de la pierre
connue sous le nom de *pierre talonnée ;*

2º que sa femme, qui lui a survécu, n'a pas eu une mort très-rassurante pour son salut ; que non-seulement Orthes, mais encore la Chasseguerre leur appartenait, sinon jusqu'à la fin, au moins pendant quelque temps. Partant de là nous avons considéré la vie de chacun des cinq sires de Belin qui ont été propriétaires d'Orthes, et nous n'avons retrouvé le portrait tracé par la légende que dans le fameux ligueur, gouverneur de Paris. Le lecteur pourra s'en assurer en lisant les pièces justificatives B.

Racontons donc ici, en nous servant des paroles mêmes des historiens, la vie de notre héros.

Jean-François de Faudoas de Sérillac, sire de Belin, seigneur d'Averton (1), *illustre dans l'histoire par ses belles actions sous le règne de Henri IV* (2), *fut élevé dans sa jeunesse*

(1) Rapport de Colbert à Louis XIV. *Revue de l'Anjou et du Maine, 1859.*

(2) *Dict. de Monthléry.* La Chesnaye des Bois.

sous le maréchal de Montluc, son grand oncle maternel à la mode de Bretagne, lequel le forma dans les exercices militaires. Voilà l'explication de la terreur qu'il répandait (1). *Fameux ligueur, il fut, n'étant encore que capitaine, chargé en 1585 de visiter les fauxbourgs du Mans pour les mettre en état de défense ; puis il fut fait gouverneur du château (2), commandant de l'armée de la Ligue dans le Maine pour le duc de Mayenne (3). P la bataille d'Arques, le 2 septembre 1589, maréchal de camp du duc, et combattant à la tête des lansquenets, après avoir fait prisonniers Hercule de Rohan, Rochefort, Jacques de Beauvain et du Rivan, il tombe lui-même au pouvoir du Béarnais par suite de la lenteur de Mayenne (4). Le vingt-deux*

(1) Dom Piolin, *Histoire de l'Eglise du Mans,* t. V, p. 540. — Pesche. *Essai historique.*
(2) Monthléry, Lepaige.....
(3) *Hist. de France* par Mézerai. — *Mémoires de la Ligue.*— *Hist. de France* par Laurentie.
(4) Communication de M. de Courcival, extraite des papiers de famille. — *Histoire de France* par Laurentie.

septembre de la même année Henri le met en liberté, le chargeant de dire à Mayenne que quoique victorieux il lui donne la paix pour le bien des peuples (1). *En 1591, nommé commandant de Paris (2), par sa sagesse il fait avorter la tentative entreprise par le roi de Navarre contre la porte Saint-Honnoré.* Voilà ses rapports avec le Mans, ses combats et sa prison (3). *En 1592 la Ligue le députa aux Etats Généraux pour élire un roi très-chrétien ; mais par sa sagesse il fit évanouir ce projet, parce que* M. *de Belin connaissait l'intention qu'avait Henri de se convertir, vu qu'il travaillait ardemment, sincèrement et sans intérêt à cette conversion, en compagnie de* MM. *de Bellièvre et de Zamet (4). L'attitude résolue de ces Etats, réunis le 26 janvier 1593 à Paris, fit compren-*

(1) Là Chesnaye des Bois, *Dict. de la Noblesse.*
(2) *Histoire de l'Eglise du Mans,* Dom Piolin, t. V.
(3) *Dict de la Noblesse,* La Chesnaye des Bois.
(4) *Hist. de l'Eglise du Mans,* t. V.

dire, en effet, au Roi de Navarre, qu'il n'y avait d'autre voie pour lui de parvenir au trône, que d'entrer dans l'Eglise catholique. De là les conférences de Suresnes, dans lesquelles l'Évêque du Mans remplit un des principaux rôles, et dont faisait partie François d'Averton, cet illustre Manceau, gouverneur de Paris ; puis l'abjuration d'Henri dans l'église de l'abbaye de Saint-Denys, le 25 juillet 1593, et son entrée dans Paris le 22 mars 1594, évènement dû en grande partie aux efforts du comte de Belin.

N'est-ce pas là vraiment la conduite d'un fervent chrétien, d'un converti ? Car en tout cela, Sully vient de nous le dire, M. de Belin se conduisait *sincèrement et sans intérêt*. Aveu précieux d'un protestant, qui plus tard l'accuse d'avoir trahi en cédant (1595), presque sans défense, Ardres, dont il était gouverneur, ainsi que de Ham et de Calais (1). Or, le maréchal de la Chastre et Charles Turquan,

(1) *Dict. de la Noblesse*, La Chesnaye des Bois.

maître des requêtes, qui furent commis par le Roi pour lui faire un rapport à cette occasion, présentèrent une justification si complète, que Henri IV donna M. de Belin pour gouverneur à Henri de Bourbon, psemier prince du sang et l'honora du collier de ses ordres.

C'est donc Jean-François Ier d'Averton que la Très-Sainte Vierge a favorisé d'une manière toute spéciale, pour son dévoûment à la cause catholique. Et cet évènement doit être arrivé avant 1592 ; autrement M. l'abbé Caillard, vicaire de Saint-Martin-de-Connée depuis cette époque jusqu'en 1635, l'eût consigné sur les registres de paroisse avec le même soin qu'il enregistrait tout ce qui se passait alors d'extraordinaire et d'intéressant. On pourra voir aux pièces justificatives C l'exactitude de ce vénérable prêtre.

Si donc les vieillards du pays parlent du sire de Belin, de Notre-Dame du Chêne, comme si leurs pères eussent été témoins de ces évènements, cette proximité qu'ils semblent admettre dans ces évènements ne prouve qu'une chose, c'est combien est vive et profonde cette tradition, combien est grande la vénération pour le sanctuaire consacré à Marie, mère de douleur, puisqu'elle a la force de rajeunir des faits très-anciens.

II.

Histoire de la Chapelle.

Ce noble seigneur, redevable à l'auguste Marie d'un si grand bienfait, bâtit, selon la promesse qu'il en avait faite, une chapelle sur le lieu même où il avait reçu une protection si efficace, mais avec une simplicité, je dirai avec une pauvreté qui annonce la détresse de sa fortune ; puis il détacha de son domaine d'Orthes le champ du *Noyer,* d'un journal de terre, la moitié du champ au *Brun,* d'un journal et demi, et le pré *Guillochon* rapportant une charretée de foin (vendus nationalement le 16 messidor et le 21 germinal an II), le tout sis au haut d'Orthes (1), pour en former le temporel de cette chapelle. Il était à la vérité un autre revenu encore sur le lieu de l'Yvonnière (2); mais nous ne pensons pas qu'il ait la même origine; il doit être postérieur.

La chapelle de Notre-Dame du Chêne eut donc un chapelain chargé de son entretien. Nous ne connaissons que quatre de ces chapelains (3); MM. Jean Breust, prêtre habitué, mort à la Blanchardière en 1681 (4); Charles Launay, vicaire, mort

(1) Registres de la municipalité pour 1793.

(2) Registre de l'intrus pour 1793. La chapelle devait de moitié avec la Ve Jacq. Bernard, 3 s. à la fabrique.

(3) Reconnaissance de la rente de 8 liv. 10 s. 2 d. en 1681. (Archives de la Préfecture de Laval.)

(4) Registre des détenteurs des biens de la paroisse en 1765.

en 1775 ; Julien Maillard, vicaire, mort en 1783 ; J.-B. Duval, vicaire, puis curé de Saint-Thomas-de-Courceriers, et mort en Angleterre de la joie que lui causa la nouvelle qu'il allait pouvoir rentrer dans sa paroisse.

Nous nous étions donc trompé lorsque, dans la première édition de cette petite Notice, nous disions que ce sanctuaire étant resté propriété privée, il était devenu la possession de M. le marquis de Vassé. La vérité est, au contraire, qu'il avait été distrait du domaine d'Orthes et donné soit au curé, soit à la fabrique, de sorte que c'était le curé qui nommait à ce bénéfice ou le gardait pour lui-même, comme semblent l'avoir fait M. Drouynot, M. de Martigné et la plupart ; et de là vient que l'on trouve si peu de chapelains de Notre-Dame du Chêne, tandis que nous connaissons tous ceux des autres prestimonies.

Il est une autre erreur encore que nous

tenons à réparer. Nous avions adopté la tradition du pays d'après laquelle la veuve du sire de Belin aurait perdu par le jeu une grande partie de sa fortune. Aujourd'hui nous sommes heureux de pouvoir rectifier cette tradition et de faire connaître la cause vraie, digne, noble et sainte de la ruine de l'illustre famille de Belin. Cette cause, c'est le dévouement de François d'Averton à la cause catholique. Au mois de juillet 1835, un des derniers rejetons de cette noble race, maintenant errante, qui sentant toujours son cœur battre d'amour pour le berceau de ses pères, avait voulu le visiter avant de mourir, disait à M. V. Carré, alors curé d'Averton : « Ce qui a ruiné notre famille, « c'est qu'autrefois les troupes que cha- « que Seigneur venait ranger sous la ban- « nière royale, étaient levées et entrete- « nues à ses frais, en sorte qu'Emmanuel- « René d'Averton vit sa fortune disparaî- « tre avec lui dans cette expédition de la

« Flandre (1667), qui fut si courte, mais
« si glorieuse pour les armes et si profi-
« tables pour les intérêts de la France (1). »

Certainement cette charge immense,
aggravée par le luxe qui régnait à la cour
de Louis XIV, fut le dernier coup porté à
la fortune d'Averton. Mais il faut remonter plus haut pour trouver la source de
cette ruine déjà bien avancée en 1643 (2).
Remontant jusqu'à François, fondateur
de notre chapelle, nous en trouvons la
cause première dans son dévouement à
la religion, ainsi que nous le disait un jour

(1) Un noble cœur anime toujours les membres
de cette illustre famille. M. Guy, comte d'Averton,
officier de marine, écrivait en 1853 à M. Carré :
« Si j'étais assez riche pour faire ce qui plairait à
« mon cœur, je regarderais comme un devoir de
« famille d'aller demander un coin de terre au
« pays de mes pères et de faire revivre leur sou-
« venir parmi vos enfants en leur faisant du bien. »
Il nourrit toujours l'espérance de faire un voyage
au pays et un pélerinage à Notre-Dame du Chêne.

(2) En 1643 les créanciers du comte de Belin
lui intentèrent un procès pour dettes.— Chartrier
du château du Plessis.

le regretté comte Léopold de Foucault,
allié de loin par les femmes à la famille
d'Averton.

Car, si ce sire de Belin n'a pas toujours
eu une conduite bien édifiante, si même,
selon la tradition, il est tombé dans des
fautes bien regrettables, il n'en est pas
moins certain que tout sentiment religieux n'était pas éteint en lui, tant s'en
faut, comme le prouve son active partici-
pation à la Ligue pour la religion alors
menacée d'une manière toute spéciale.
Tel était, en effet, le but de la Ligue, cependant si maltraitée de la plupart des
historiens. Mon Dieu ! que serait-il arrivé
si un roi protestant fût monté sur le trône de France ? Cette nation si catholique
ne serait-elle pas devenue elle-même protestante, comme il en est malheureusement arrivé de toutes celles dont les princes étaient les adeptes de la prétendue
réforme ? Quel malheur donc menaçait
notre patrie !

Déjà maîtresse d'une partie de la France, l'hérésie protestante allait s'asseoir sur le trône avec Henri de Béarn, le plus proche héritier du dernier des Valois; mais il n'y avait pas de roi légitime dans le *royaume très-chrétien* s'il n'était catholique (1). La nation se souleva à la pensée de se voir assujétie à un prince hérétique ; elle forma une Ligue dans laquelle entrèrent (2) toutes les villes et la plupart des seigneurs du Maine : Le Mans, Laval (bien que son seigneur fut protestant), Mayenne, Château-Gontier, la Ferté-Bernard, Beaumont-le-Vicomte.....; Bois-Dauphin, Brissac de Cossé, de Vassé, le marquis de Villaines, Lavardin de Sourches, Montesson d'Andigné....(3). M. de Belin devint parmi eux

(1) En Angleterre, au contraire, maintenant la Reine en vertu de la liberté de conscience proclamée si haut par les protestants, perdrait ses droits au trône si elle se convertissait.

(2) *Hist. de l'Eglise du Mans*, D. Piolin, t. V, p. 530. — *Hist. du Maine*, Le Pelletier, t. II.

(3) L'unité française fut sauvée par l'insurrec-

un chef important; mais pour former cette troupe qu'il conduisait lui-même à travers les batailles, il sacrifia une partie de ses propriétés, notamment le Grand-Perrai, Hardanges et Chevaigné, et il contracta des dettes qui peu à peu amenèrent la ruine de la famille. Henri fut obligé d'abjurer son erreur; il servit désormais la cause de l'Église et du Saint-Siége, et l'on doit reconnaître que la Ligue sauva la foi en France (1). Ne soyons donc point étonnés de ce que François d'Averton qui avait consacré tous ses efforts à cette cause de la patrie, reçut en récompense la grâce d'une conversion entière. Mais revenons à notre vénéré sanctuaire.

D'après les actes que nous avons cités, Notre-Dame du Chêne était constituée en

tion du sentiment religieux qui était resté en immense majorité catholique. *(Introdnction à l'histoire parlementaire de la Révolution,* par Buchez).

(1) Voir l'excellent ouvrage, *Sixte-Quint et Henri IV,* par E.-A. Segretain.

véritable chapellenie. On ne voit pas cependant que jamais elle ait été érigée en titre canonique. Nous avons compulsé les *Insinuations ecclésiastiques* de l'ancien diocèse du Mans, et nous n'avons rien trouvé qui puisse se rapporter à l'objet de nos recherches. Quelle était la cause de cette position anormale? Etait-ce sa fondation extraordinaire? Nous n'en savons rien et nous ne voulons point hasarder de suppositions. Toujours est-il que l'autorité ecclésiastique ne l'avait pas reconnue et semble même n'en avoir pas eu connaissance, et c'est ce qui explique, par rapport à un pélerinage cependant si fréquenté, le silence absolu de tous ceux qui jusqu'à ce jour se sont occupés de l'histoire religieuse du diocèse. Or ce pélerinage, loin d'être nouveau, a certainement au contraire perdu de son lustre, non-seulement depuis la Révolution, mais dès long-temps auparavant. Dès 1700 il commençait à diminuer. Nous en avons pour preuves et

les prêtres habitués qui s'étaient fixés autour de ce sanctuaire vénéré, mais qui
disparaissent alors ; et les marchands qui
s'y étaient établis et qui en ont également
disparu. Avant 1700 les prêtres étaient
très-nombreux, et tous, si ce n'est M. Jacques Royer, s'étaient groupés autour de
l'église paroissiale ou de la chapelle de
Notre-Dame du Chêne. Ces derniers
étaient (1) MM. Jean Launay, *honnorable
prêtre voué à l'instruction des enfants,* à la
Tissonnière, en 1618 ; N..., aux Brosses,
avant 1640 ; René Pinson, à l'Enjuber-
dière, de 1625 à 1649 ; Laurent Launay,
à la Quindorière, vers 1650 ; Jean Breust,
chapelain de la chapelle, à la Blanchardière, de 1638 à 1681 ; René Breust, son
frère, de 1640 à 1650 environ ; Marin
Pinot, à la Motte, de 1642 à 1673 ; André
Guibert, de 1681 à 1687.

(1) Ces noms et ces dates nous sont donnés soit
par les anciens registres de paroisse, soit par les
papiers de famille qu'on nous a confiés.

Évidemment ces prêtres ne s'étaient établis à 3, 4 et même 6 kilomètres de l'église, alors que les chemins étaient si mauvais, comme nous le dira M. de Souvré plus tard, page 63, que parce qu'ils étaient attirés par la sainteté du lieu et le concours des pélerins. Mais l'affluence diminuant, un des motifs du séjour des prêtres en cet endroit cessait ; et comme les vocations ecclésiastiques étaient aussi moins nombreuses, il n'y eut plus de prêtres qu'au bourg.

L'affluence des pélerins avait fait surgir un *village*. Nous nous servons exprès de ce mot, parce qu'il se trouve dans un acte de ce temps (1). Le fermier de la Grande-Métairie ne suffisant pas pour recueillir les pieux voyageurs qui venaient prier Notre-Dame du Chêne, des marchands bâtirent le *Pavillon* et la *Maison-Neuve* près

(1) Le dixième jour de janvier 1700 a été inhumée dans notre église, Anne Pottier, décédée au *village* de la Grande-Métairie. — Ch. Leroy, curé.

de la chapelle (1). A l'époque dont nous parlons, il y avait, outre la maison du fermier, celle de Louis Lemée, sieur du Pin, d'Étienne André et de Jacques Robine, pour recevoir les pélerins. Car tous les fermiers de la Grande-Métairie, depuis 1600 et je ne sais combien jusqu'au moment de la Révolution, sont qualifiés du titre de *marchand* (2).

(1) C'était un sentiment de charité chrétienne qui dans l'ancien temps suscitait les hôtelleries ou maisons destinées à recevoir les voyageurs, en sorte que les premiers hôtes étaient des religieux. Plus tard l'intérêt se mêla au principe de charité, et de bons pères de famille, bien chrétiens, trouvèrent là l'occasion de faire un peu de profit, tout en rendant service, et leur état et leurs personnes étaient honorables. Puissent tous les hôtes de nos jours se souvenir de la sainteté de leur origine et ne pas avilir leur profession en en faisant un moyen de corruption ! Puissent particulièrement les hôtes de la Chapelle de Notre-Dame du Chêne ne jamais oublier le motif de leur existence.

(2) Que vendaient-ils ? demandera peut-être quelqu'un ; peut-être étaient-ils *marchands* — comme bien d'autres de ce temps ? Nos anciens registres répondent par un fait qui montre qu'ils

Il y avait donc quatre hôtelleries, et la consommation qui s'y faisait nous donne une idée du nombre des personnes qui se rendaient à ce sanctuaire. Voici des chiffres instructifs à cet égard : Louis Lemée, qui était là depuis au moins 1677 (1), reçut le 15 mars 1702 (2), dans une seule livraison , pour trois cent quatre-vingts livres de vin. La pipe coûtait trente-huit livres, pour nous servir des termes et des mesures d'alors, et contenait deux busses et demie. Jacques Robine, au moment de sa mort, devait à son marchand de vin (3)

recevaient les pélerins : « Le douzième jour de mars de l'an mil sept cent cinq, Augustin Dily, fils d'Adrien Dily et d'Anne Boulvrais sa femme, de la paroisse de Trans, laquelle étant venue en voyage à la Notre-Dame du Chesne, a accouché chez M. Pavy, fermier de 'a Grande-Métairie, et nous ayant demandé le baptême pour ledit enfant... L. Corbin, vic. A. Coupard, parrain. Anne Launay femme Pavy, marraine. »

(1) Actes du mardi de Pâques 1677.

(2) Reconnaissance à Pierre Le Plat, marchand de vin en gros.

(3) Sentence du Tribunal, 3 novembre 1717.

quatre-vingts livres, restant de cent quatre-
vingts de la dernière livraison. Etienne
André, en même temps marchand d'étof-
fes..... depuis au moins 1694, avait encore, lors de son décès (1), deux pipes de
vin blanc et près d'une busse de vin *cléret*.
Qu'on juge après cela du concours qu'at-
tirait ce pélerinage. Beaucoup d'habitants
de Saint-Martin pourront se le figurer en
se reportant par le souvenir à ces temps
qu'ils ont vus, où le jour de l'Annonciation, le 25 mars (2), la sainte chapelle
était pleine dès minuit, et où des marchands apportaient jusque de Gesvres des
tonneaux de cidre qu'ils vendaient sous

(1) Inventaire du 20 septembre 1727.
(2) Nous ne saurions dire pourquoi l'Annonciation de la Sainte Vierge, le 25 mars, est la fête
patronale de la chapelle, puisque la miraculeuse
statue est une Notre-Dame-de-Pitié. Le jour de
l'Annonciation serait-il celui de l'évènement de la
conversion de M. de Belin ? Serait-ce que l'Annonciation coïncide parfois avec la fête de la Compassion de la Sainte Vierge, comme cela est arrivé
notamment en 1589 ?

des tentes, dans les champs voisins. Lorsque, chaque année encore, les paroisses
entières viennent faire leur pélerinage,
on peut facilement se figurer le nombre
de personnes qui fréquentaient ce lieu.
Et cependant, comme nous le disions, le
pélerinage de Notre Dame du Chêne n'é-
tait plus aussi fréquenté qu'il l'avait été.
Le souffle impur de l'impiété commençait
à s'infiltrer dans notre pays si profondément chrétien. Déjà l'immoralité (et les
Registres de Baptêmes de ce temps en
font foi) commençait à exercer ses ravages ; par conséquent la piété envers la
Vierge sans tache, mère auguste de notre
Sauveur, diminuait, et son sanctuaire
béni, subissant les suites du dépérisse-
ment de la foi dans les âmes, qui devait
bientôt amener une catastrophe si épou-
vantable, n'était plus aussi visité. Aussi
de même que les prêtres avaient disparu,
les marchands à leur tour, depuis 1820,
quittent cet endroit qui n'offrait plus une

ressource suffisante à leur commerce ; en sorte qu'il ne reste plus, sauf celui de la ferme, que l'hôtel d'Etienne André, dont les successeurs sont Julien Lefebvre, Nicolas Le Boindre, Jacques Hubert et Zacharie Ribot, sauveur de la chapelle et grand-père de Mme Plard. Louis Lemée et Jacques Robine n'ont pas été remplacés, et leurs maisons ont été tellement détruites qu'il n'en reste aucune trace, pas même dans la mémoire des anciens de la paroisse.

Une autre preuve de la grande dévotion à Notre-Dame du Chêne, c'est cette masse, de testaments pour demander que des messes fussent célébrées dans sa chapelle. Malheureusement les plus anciens et probablement les plus nombreux nous manquent, puisque nous n'avons pas même celui de M. l'abbé J. Breust, ni celui de M. Jacques Le Meignan, dont nous avons parlé précédemment page 27. Nous en avons cependant assez pour juger de l'em-

pressement avec lequel la plupart demandaient que le saint sacrifice y fut offert,
après leur décès, pour le repos de leurs
âmes. On dirait vraiment que l'autel de
cette chapelle eût été enrichi d'indulgences
de l'Eglise, comme l'étaient celui d'Evron
et celui de Sillé. Ainsi (pour ne point citer
les habitants de Saint-Martin-de-Connée),
nous avons des testaments de demoiselle
Françoise Guichard, épouse de Mre Jehan
Lefebvre, demeurant au bourg d'Averton;
de Catherine Griffaton, épouse de Jean
Legaigneur , maréchal à Saint-Paul-le-
Gaultier ; de Michelle Coupeau, femme de
Jacques Launay, demeurant à la Monne-
rie en Izé ; de Charles Lalouze, du Hallier
en Saint-Pierre-de-la-Cour ; de Mathurin
Rommé, du Bourg-Beaugars en Vimarcé..,
bien que les confréries du Très-Saint-
Sacrement et du Scapulaire y fussent tellement en honneur que la plupart des
personnes de Saint-Martin, qui demandaient des messes à la chapelle, récla-

maient en même temps leur *coufrairie à Saint-Jean de Vimarcé*. Il n'était pas jusqu'aux simples journaliers, aux domestiques, aux pauvres *filles fileuses*, qui ne sollicitassent la faveur d'une messe *à la Notre-Dame du Chesne*. Nommons entre autres : Pierre Gô, journalier au bourg de Saint-Pierre-de-la-Cour ; Marin Richard, journalier à la Mellaudière ; Etienne Gaudemer, domestique aux Nouelles ; Renée Bouglé, *fille servante domestique* à Saint-Thomas-de-Courceriers ; Marie Guilleu, *fille fileuse* à la Varie.....

Rien de plus édifiant que tous ces testaments dont s'exhale le parfum de la plus tendre piété, et le lecteur sera content d'en trouver un inséré dans cette petite Notice. Nous nous rendrons d'autant plus facilement à ce pieux désir, que ce testament pourra donner l'utile pensée à plus d'un, de mettre ordre aussi aux affaires de leur conscience et à leurs affaires temporelles. Combien de haines mortelles

entre des frères eussent été évitées par
les pères et mères, s'ils avaient eu la sage
précaution de régler leurs affaires ! Afin
donc de donner un modèle, tout en satis-
faisant la curiosité, nous allons prendre
le testament, non d'un riche, mais d'une
personne dans une position ordinaire.

« *In nomine Domini. Amen.*

« Du vingt-huitième jour de janvier de
« l'an mil sept cent vingt-trois, devant
« nous Guil. Tarot, notaire..... fut per-
« sonnellement établi Jean Hardy, borda-
« ger, demeurant à la Saulnerie en cette
« paroisse, lequel detenu au lit par mala-
« die, mais sain d'esprit et d'entende-
« ment, considérant que la mort est cer-
« taine et l'heure d'icelle incertaine et ne
« voulant pas être surpris sans avoir mis
« ordre aux affaires de sa conscience et à
« ses affaires temporelles, a fait et ordon-
« né et ordonne son testament en la ma-
« nière qui suit. Premier : recommande
« son âme à Dieu notre Créateur, supplie

« par les mérites infinis de la mort et
« passion de Notre Rédempteur Jésus-
« Christ de lui faire miséricorde, à cette
« fin implore la glorieuse Ste Vierge, M.
« St Michel ange et archange, son Ange
« gardien, MM. St Pierre et St Paul, St
« Jean son patron dont il a l'honneur de
« porter le nom, St Martin, Ste Barbe et
« généralement toute la cour céleste, les
« priant humblement d'intercéder envers
« Dieu pour de repos de son âme. Et étant
« arrivé le jour de son déceds, désire
« être inhumé dans le grand cimetière à
« la place de ses parents défunts. Que le
« jour de sa sépulture il soit dit et célébré
« trois grandes messes et vigiles avec un
« huitain, ensuite deux trentains; qu'il
« soit mis un luminaire de cinq livres de
« cire blanche. Pareil service à l'anniver-
« saire et une messe chacun an pendant
« dix au jour de son déceds. Il désire,
« veut et entend qu'il soit dit dix messes
« à la Chapelle de Notre-Dame du Chesne,

« le plus tot que faire ce pourra, deux à
« l'autel de Notre Dame d'Esvron, et que
« sa confrairie soit acquittée à St-Jean de
« Vimarcé. Que le jour de sa sépulture il
« soit fait charité aux pauvres de quatre
« boisseaux de bled seigle ; qu'il soit
« donné dix livres aux pauvres filles de
« Ste Claire d'Alençon, pareille somme
« aux R. P. Minimes de Sillé et pareille
« aux Capucins du Mans, afin qu'ils prient
« Dieu pour le repos de son âme et de
« celles de ses parents et amis trépassés.
« Puis passant à ses affaires temporelles,
« déclare................. »

Avec quelle foi nos ancêtres envisa-
geaient la mort ! Comme ils prescrivaient
tout ce qui concerne ce moment redoutable ! On voit que cette pensée leur était
familière. La mort était pour eux le *déceds*,
c'est-à-dire le retour *(discedere,* s'en retourner), le retour vers le Dieu qui les
avait placés sur la terre. Quels soins pour
se procurer des prières ! Ils ne s'en rap-

portaient pas aux autres pour une affaire de cette importance. Ils craignaient que l'attachement aux biens de la terre ne paralysât les bonnes intentions de ceux-mêmes qui leur étaient unis par les liens les plus tendres. Avaient-ils tort ?

Qu'on nous permette encore une petite digression:

Dans ces temps de foi, alors que les plus forts domestiques ne gagnaient que (1) *trente-sept livres, une paire de souliers, sept aulnes de toile, moitié de grosse et moitié de brin,* ils amassaient pour leurs vieux jours; ils trouvaient de quoi tester, avoir des prières et même faire des aumônes. Loin d'envier à leurs maîtres et leur position et leurs biens, ils les respectaient, les aimaient, leur étaient sincèrement atta-chés, et le prouvaient en restant long-temps chez eux et en prenant soin de leurs affaires. Les maîtres, de leur côté,

(1) Acte du 7 juin 1735. François Blanchard, domestique.

les regardaient comme faisant partie de leur famille, les aimaient, venaient à leur secours dans les maladies et autres adversités, et entre eux régnait l'accord le plus complet. Aujourd'hui ils ont de gros gages, et combien qui sont pauvres ! Combien qui laissent leurs parents à la charge de la charité publique ! Combien qui n'ont pas de quoi se faire soigner s'ils éprouvaient seulement une maladie de huit jours ! Combien qui sont dans la misère dès le lendemain de leur mariage ! Aussi le nombre des pauvres augmente, la défiance existe entre les différents ordres de la société. On a cherché à remédier à cela en imaginant le droit au travail, droit à l'assistance... Vaines utopies ! A quoi bon se creuser le cerveau pour chercher bien loin un remède à cet état, dont les suites peuvent être terribles ? C'était la religion, fortement enracinée dans toutes les âmes, qui procurait cette paix, cette tranquillité, ces bons rapports, cette confiance et en même temps l'aisance pour les classes déshéritées de la fortune ; et c'est la religion seule qui peut ramener ces biens que nous avons perdus et que vainement nous recherchons ailleurs.

Jeunes gens, qui ne pensez qu'aux plaisirs et aux divertissements et qu'un reste d'attachement pour Notre-Dame du Chêne porte cependant à lire ce petit livre, écoutez enfin la voix d'un père qui souvent gémit sur votre inconduite et qui bien des fois déjà vous a dit de songer à votre avenir, à votre éternité. Fuyez ce luxe qui dévore votre argent. Fuyez surtout ces tristes maisons dans lesquelles on spécule sur vos extravagances pour s'enrichir à vos dépens, et dans lesquelles vous laissez vos principes et vos habitudes de religion pour y puiser des principes et des habitudes qui vous feront un jour verser des larmes amères. Imitez la sagesse, la retenue, la piété de ceux qui vous ont précédés, vous trouverez les mêmes jouissances. Mais revenons à l'histoire de notre chapelle.

Tous ces testaments nous font connaître un peu combien fréquemment les saints Mystères étaient célébrés sur l'autel de Notre-Dame du Chêne. Nous n'avons guère parcouru, en effet, dans les papiers des familles de la paroisse, de comptes de tutelle, sans y trouver des messes dites à la chapelle. Nous en avons trouvé pour des personnes mortes à Assé-le-Bérenger, au Grez. Nous avons des reçus de M. Chaignon, vicaire d'Izé en 1768 ; de M. Chopin, prêtre je ne sais où en 1749, pour honoraires de *messes dites à la Notre Dame du Chesne*, à l'intention de défunts. Et les quelques vieillards qui se rappellent encore M. Julien Blanche, dernier *principal du Collège,* se souviennent aussi qu'il allait, à peu près régulièrement tous les matins, célébrer les saints Mystères à la chapelle, bien qu'il n'en fût pas le chapelain. On sait cependant que, relativement aux au-

tres intentions, les messes pour les défunts sont rares dans ces lieux de pélerinage.

Nous voici arrivés à une époque où
notre pélerinage se fit plus solennellement, par suite d'un terrible sinistre qui
renouvela dans toutes les âmes une grande confiance en Notre-Dame du Chêne.

C'était en 1774, le 4 août : une grêle
extraordinaire et bien affreuse, puisque
chaque grêlon avait plus de 2 pouces de dia-
mètre et pesait communèment de 5 à 6 on-
ces (1), après avoir porté la désolation dans
trente-neuf paroisses du Maine, poursuivait sa course dévastatrice, passant, à
quatre heures un quart du soir, par Saint-
Martin-de-Connée, pour aller plus loin
encore, ce semble, porter la douleur et le
désespoir dans les populations. Les toits
des maisons étaient brisées, les moissons

____

(1) Note de M. de Souvré, curé de la paroisse.
— Registre de paroisse.

étaient broyées... (1) Soudain le fléau dé-
vastateur s'arrête : il était arrivé à la porte
de la chapelle de Notre-Dame du Chêne.
Une partie de la paroisse cependant avait
souffert immensément ; mais heureusement, peu de temps après se trouvait la
cérémonie du sacre de Louis XVI. Ce roi
si chrétien voulut s'y préparer par des
œuvres de piété et de charité, afin d'attirer les grâces d'en haut : Saint-Martin-de-
Connée fut l'objet de sa paternelle bonté.
Nous ne pouvons résister au plaisir de
citer ici la lettre de remerciement que les
habitants de cette paroisse écrivirent à Sa
Majesté par l'organe de leur charitable
curé, M. le comte de Souvré, qui a dé-
pensé au milieu d'eux, en bonnes œuvres,

(1) Voir le *résultat* des habitants de Vimarcé,
le 11 septembre 1774, pour faire relever à neuf
la couverture *totalement ruinée* par la grêle. Il
fallut 600 pieds de contrelattes, 1600 de lattes et
200 de doublier. 99 toises 1/2....
Voir aussi le *résultat* de Saint-Pierre-de-la-
Cour, 14 septembre.

— 63 —

un immense patrimoine. Puisse la popu-
lation de Saint-Martin toujours conserver
envers ses bienfaiteurs, cette vertu de reconnaissance qui distinguait ses pères (1) ?

« 1er juin 1775.

« Dispersés en plus de cent hameaux,
» et séparés du reste des hommes par des
« montagnes presque inaccessibles, nous
« venons d'attirer sur nous, par le récit
« de nos malheurs, les regards bienfai-
« sants du meilleur des Rois. Sa Majesté
« s'est fait rendre compte des horribles
« ravages que fit la grêle du 4 août der-
« nier, dans la province du Maine. Elle a
« bien voulu entrer dans le détail des
« pertes de chacun de nous, et nous ve-
« nons de recevoir une décharge sur les
« impositions, tant de la taille que des
« vingtièmes. La remise accordée à cha-
« que particulier a été plus ou moins
« grande en proportion du plus ou du

(1) *Chronique de l'Ouest,* mardi 1er juillet 1856.

« moins de dommages supportés, et nous
« avons eu une dispense générale de la
« corvée. Tant de bienfaits exigeaient de
« nous l'unique retour qu'on en peut at-
« tendre, des vœux et des prières pour la
« conservation des jours précieux de ce
« prince. — Nous nous sommes donc
« adressés à notre Évêque, et nous avons
« obtenu que, pendant tout le cours du
« règne de Louis XVI° du nom, il serait
« établi dans la paroisse de Saint-Martin
« un jour de vœux et de prières pour la
« longue prospérité du règne de ce prince;
« et que ce jour serait le plus proche du
« 23° d'août, jour de la naissance du Roi.
« —Ceux et celles d'entre nous qui sont
« nés dans les mêmes années que le Roi
« et la Reine, savoir en 1754 et 1755, se
« sont fait inscrire chez leur curé, et ils
« ont promis que pendant la vie de Leurs
« Majestés et tant qu'ils demeureraient
« dans la paroisse de Connée, ils pren-
« draient à la fête indiquée une part toute

« particulière, et qu'ils approcheraient
« des sacrements. Ils ont ajouté qu'ils dé-
« siraient tous mourir dans l'accomplis-
« sement de ce devoir.... Cette promesse
« a été aussi reçue et agréée par notre
« Évêque ; et a signé pour les habitants...

« Le comte DE SOUVRÉ,

« Curé de Saint-Martin-de-Connée. »

Depuis cet évènement, nombre de paroisses entières viennent, chaque année,
pendant le mois de juin ou de juillet, demander, par une messe chantée aussi solennellement que possible, à Notre-Dame
du Chêne, de bonnes récoltes et un temps
favorable pour les recueillir. Voici les noms
des paroisses qui jusqu'au moment de la
Révolution faisaient ce pélerinage : Bais,
Sainte-Gemmes-le-Robert, Hambers, Izé,
St-Thomas-de-Courceriers, Trans, Champgeneteux, Loupfougères, Hardanges, Villaines-la-Juhel, Averton, Courcité, Saint-
Aubin-du-Désert, Saint-Mars-du-Désert,

3

Saint-Georges-le-Gaultier, Mont-Saint-Jean, Saint-Germain-de-Coulamer, Saint-Pierre-de-la-Cour, Saint-Martin-de-Connée, Vimarcé, Rouessé-Vassé et Saint-Georges-sur-Erve. Non que nous voulions dire que les paroisses voisines n'y vinssent pas de la sorte auparavant ; les processions qui se trouvent représentées dans les peintures des lambris, annoncent au contraire que dès avant 1681 ce pélerinage se faisait solennellement déjà. Mais depuis cette époque le nombre des paroisses fut plus grand (1). Sainte-Gemmes, Hambers, Champgeneteux, Loupfougères et Hardanges ont abandonné, les uns depuis

(1) Dans ces peintures de 1681 on reconnaît une ou même deux processions des Bénédictins d'Evron ; encore dans un autre tableau, on les voit en compagnie de M. de Belin. Quels ont donc été les rapports des Révérends Pères avec le fondateur de notre chapelle ? Nous n'avons pu le découvrir ni dans leur Cartulaire, ni ailleurs. Et cependant ils avaient une rente de quinze sols sur le Fougerais-Corbin qui n'en est pas très-éloigné, et la tradition parle d'eux.

long-temps déjà, mais depuis la Révolution cependant, les autres depuis peu, ce
pieux et antique pélerinage. M. le doyen
de Sillé et M. le curé de Villepail viennent
au contraire maintenant, depuis plusieurs
années, mettre leurs paroisses sous la
protection de Notre-Dame du Chêne ; et
dans l'année qui vient de s'écouler, de
nouvelles paroisses encore sont accourues
avec empressement se prosterner devant
la miraculeuse statue.

Ces pieuses processions furent nécessai-
rement suspendues pendant les années
de trouble et de confusion qui affligèrent
notre belle France à la fin du siècle dernier. Alors la religion était proscrite, les
pasteurs étaient entassés dans les prisons,
et égorgés ou conduits sur la terre d'exil,
ou traqués comme des bêtes fauves. M.
Burin, curé de Saint-Martin, trahi par de
prétendus amis, mourait martyr de son
devoir en exerçant en secret les fonctions
du saint ministère. L'auguste sanctuaire

n'était pas respecté non plus. Le droit de propriété n'était plus reconnu ; au nom de la nation on s'était emparé de la chapelle et la statue était brisée ! La sainte demeure allait disparaître (1) ! Qui pourrait dire alors toute la tristesse de la paroisse? Heureusement un pieux habitant du village, nommé Zacharie Ribot (2), s'en rendit acquéreur, dans le dessein de la rendre à la paroisse (3). En peu de temps le prix de l'acquisition est trouvé ; riches et pauvres se cotisent avec zèle pour sauver le sanctuaire si cher à tous les cœurs.

Bien que la précieuse statue eût disparu, la chapelle n'en continua pas moins d'être un lieu de pélerinage très-fréquenté, et même d'autant plus que les fidèles catholiques avaient abandonné l'église pour

(1) Il fallait un étranger pour commettre ce sacrilège ; il vint d'Évron et se nommait Julien L...
(2) Grand-père de Mme Plard, à qui sont encore et bien justement confiées les clefs de la chapelle.
(3) 21 fructidor an VI.

ne pas communiquer avec les schismati-
ques. C'était au pied de ce chêne, dans
lequel, d'après certains bruits et pressen-
timents, on croyait renfermés les morceaux de la statue, qu'on trouvait un peu
d'espérance dans la désolation d'alors ;
c'était là que, de partout, chaque dimanche, on venait secrètement s'acquitter de
ses exercices religieux ; et aux autres
jours, confier ses peines, ses inquiétudes,
ses misères à la *consolatrice des affligés*.

Sur la terre étrangère, au milieu des
combats, il y avait aussi des cœurs qui
invoquaient Notre-Dame du Chêne ; c'é-
taient ceux des soldats du pays. Ces pauvres enfants, avant de partir, étaient allés
s'agenouiller au pied du chêne dont ils
avaient renfermé bien précieusement une
petite parcelle dans leurs habits, et chaque fois qu'ils écrivaient, ils répétaient
ces mots significatifs : *Ne m'oubliez pas
auprès de Madame du Chêne, ou de Marie du
Chêne.* Cela voulait dire qu'ils demandaient

un voyage à la chapelle. C'était le signe
convenu pour ne pas se compromettre
dans ce temps d'impiété. Combien ils
étaient intéressants ces braves militaires,
quand, revenus au pays, ils racontaient
les dangers qu'ils avaient courus et dont
ils avaient été délivrés, disaient-ils, par
la protection de Notre-Dame du Chêne, en
qui ils avaient mis tout leur espoir ! « J'ai
vu, » m'a répété plusieurs fois l'un d'eux,
Caillard, du Haut d'Orthes, mort il n'y a
que quelques années, et qui avait reçu
quatre blessures, « j'ai vu mes compa-
gnons tomber à ma droite, tomber à ma
gauche, j'ai vu des lignes disparaître à
mes côtés, je prenais la place de celui qui
venait de tomber et j'échappais ; je ne
craignais pas, j'étais recommandé à Notre-
Dame du Chêne (1). »

(1) Depuis la première édition, un de ces vété-
rans est allé pendre à l'arbre béni sa médaille de
Sainte-Hélène. Un autre m'aborda un jour en me
disant : « *M'sieu, vous m'avez donc mis sur votre*

Ces sentiments expriment bien ceux de tout le pays pour ce vénéré sanctuaire ; aussi combien fut grande la joie de chacun quand la paix fut rendue à l'église et que les processions purent revenir à la

petit livre ? » Comment lui répondis-je, mon père Peltier ? « *Oui, ajouta-t-il, vous parlez de vieux soldats de l'ancien, qui ont été préservés par Notre-Dame du Chêne. Eh bien, monsieur, c'est moi. Pendant tout le temps que j'ai été au service, je n'ai jamais perdu le petit morceau de chêne que j'avais emporté, et je vous réponds que j'en ai échappé de belles. Un jour entre autres, nous traversions une forêt en Espagne, et les balles nous tombaient ! Nous ne devions pas répondre afin d'attirer l'ennemi dans la plaine. Mais lorsque nous fûmes en rase campagne, bien des soldats manquaient, et les Espagnols ne nous avaient pas suivis. Alors le général sacrifie un peloton, le faisant rentrer dans la forêt pour les attirer. D'abord les Espagnols ne nous disent rien ; mais lorsque nous fûmes au milieu des bois, faut voir comme les balles pleuvaient et comme nos soldats tombaient ! Il n'en est presque pas resté. Eh bien, moi, je n'ai eu qu'une balle dans ce doigt* » et il me montrait la cicatrice. « *Mon fils est revenu de Sébastopol et de Solférino sain et sauf ; mais vous savez combien vous avez dit de messes pour lui à Notre-Dame da Chêne.* »

chapelle. Avec quel bonheur les pasteurs
s'empressèrent d'y ramener leur troupeau,
avec quel enthousiasme les fidèles accou-
rurent à ces processions qui faisaient leurs
délices et firent retentir les airs par les
chants des *Litanies,* de l'*Ave maris stella,*
du *Salve Regina*, et comme les habitants
de Saint-Martin se portaient avec empressement sur le bord des chemins pour voir
ces processions, entendre ces chants dont
l'absence avait laissé tant de regrets !
Pour satisfaire à la piété des populations,
Mgr de Pidol autorisa l'exercice du culte
dans cette chapelle, d'après la demande qui
lui en était faite. « Nous, dit-il, Michel-
« Joseph de Pidol, Évêque du Mans.......
« considérant que cette chapelle est en
« *grande vénération* dans *tout* le pays.....
« Nous autorisons l'exercice du culte dans
« la chapelle sous l'invocation de la Sainte
« Vierge, dite de Notre-Dame du Chêne,
« située dans la paroisse de Saint-Martin-
« de-Connée. »   (26 avril 1813).

III.

La statue est retrouvée.

Le 21 octobre 1860, fête de la Pureté
de la Sainte-Vierge, le soleil brillait dans
toute sa splendeur ; déjà, pour la première
fois depuis long-temps, il était apparu la
veille pour sécher les chemins perdus par
une pluie continuelle depuis plus d'un an,
et ce bon temps a duré quatre semaines.
La route qui conduit à la chapelle était
décorée d'arcs de triomphe ; Orthes surtout se signalait par ses décorations. Une
foule immense sortant de l'église de Saint-
Martin se déployait en procession, dans
l'ordre le plus parfait, sur une longueur
de presque un kilomètre, et s'acheminait
vers la chapelle. Au milieu des rangs des
Enfants de Marie de Saint-Martin-de-Connée, de Saint-Pierre-de-la-Cour et de Vimarcé, quatre jeunes personnes vêtues de

blanc portaient sur un brancard une petite statue sur laquelle étaient fixés tous les regards. Au loin, on entendait retentir des chants de joie et les échos se redisaient les uns aux autres : Vive Notre-Dame du Chêne. Cette statue, magnifique d'expression, ainsi portée solennellement, entourée de la vénération et de l'amour de cette immense multitude, était celle devant laquelle s'était prosternée M. de Belin, et que les Iconoclastes du XVIIIe siècle avaient brisée, mais qui venait d'être retrouvée.

Le bon Zacharie Ribot, en effet, qui, comme on s'en souvient, avait sauvé la chapelle, avait encore eu le bonheur de recueillir les morceaux de la précieuse statue ; il les avait religieusement placés dans le tronc du vieux chêne, et le vicaire de la paroisse, M. l'abbé Lamarre, venait de les découvrir. Un pieux et habile artiste (1) avait restauré la sainte image, et

(1) M. Foubert, sculpteur à Sillé.

Monseigueur Wicart, si dévot à l'auguste
Reine des Cieux, à qui il a consacré sa
personne et son diocèse, avait autorisé
cette translation solennelle. La lettre que
Sa Grandeur nous a fait écrire à cette
occasion doit trouver sa place ici.

« Laval, le 27 août 1860.

« Monsieur le Curé,

« En annonçant que M. Lamarre, votre
« vicaire, a retrouvé l'ancienne statue de
« Notre-Dame du Chêne, dans le tronc
« même de l'arbre qui a donné son nom
« à la chapelle de la Sainte Vierge, vous
« avez demandé que cette statue, conve-
« nablement restaurée, soit replacée avec
« quelque solennité dans la chapelle.
« Monseigneur a bien voulu condescendre
« à ce pieux désir, et il vous autorise,
« Monsieur le Curé, à faire porter proces-
« sionnellement l'image depuis le bourg

« jusqu'à la place qu'elle a occupée au-
« trefois, et qu'elle va reprendre pour ne
« la plus quitter.

« Agréez.....

« WICART, Vic. gén. »

A la nouvelle que la bonne Notre-Dame
venait de reparaître , les populations
avaient tressailli d'une sainte allégresse.
Pasteurs et fidèles s'étaient empressés de
venir rendre leurs hommages à Celle que
leurs yeux et leurs cœurs cherchaient en
vain depuis long-temps. Aussi combien
était belle et touchante cette procession !
Ce qui surtout nous a frappés, ce sont les
travaux qu'ont dû s'imposer ces bons cul-
tivateurs et les pertes auxquelles ils s'ex-
posaient, en ne profitant pas de ce beau
soleil pour mettre en sûreté leurs grains
déjà bientôt pourris ; ce sont le recueillement, la piété, la dévotion et la joie de
tous les assistants. Quel entrain, quel enthousiasme dans tous les chants de cette
procession se rendant à trois kilométres !

Comme les voix vibraient sous l'émotion
du bonheur, quand surtout, à l'approche
de la sainte demeure, nous répétâmes ce
cantique de M. l'abbé Gaultier (1) :

> Vive Notre-Dame du Chêne,
> L'espoir du juste et des pécheurs ;
> C'est notre auguste souveraine,
> Offrons-lui nos vœux et nos cœurs.
>
> Du haut du trône de lumière
> Où vous résidez dans les cieux,
> Marie exaucez la prière
> De ceux qui viendront en ces lieux.
>
> Manifestez votre puissance
> Par vos prodiges, vos bienfaits ;
> Et que toujours un peuple immense
> Accoure ici goûter la paix.
>
> Pasteurs, aux pieds de son image,
> Conduisez votre heureux troupeau,
> Et présentez-lui pour hommage
> Un cœur brûlant d'un feu nouveau.

(1) Prêtre auxiliaire.

Venez infirmes, pauvres femmes,
Vieillards, ouvriers pleins d'ardeur,
Tous à Marie offrons nos âmes,
Elle est le salut du pécheur.

Ici Notre-Dame du Chêne
A son cœur percé de douleurs ;
Ah ! compatissons à sa peine,
A ses pieds pleurons nos erreurs.

O Vierge sainte, ô Notre-Dame !
Prenez pitié de vos enfants ;
La douleur a brisé leur âme,
Ils offrent des cœurs repentants.

Il était impossible de ne pas partager
l'émotion générale et de ne pas crier aussi
de tout cœur :

Vive Notre-Dame du Chêne,
Offrons-lui nos vœux et nos cœurs.

que répétait cette masse de voix après
chaque couplet. Ce fut avec la même ardeur et la même piété, qu'à la fin de la

cérémonie, lorsque la Vierge fut rétablie dans son chêne, à la place qu'elle occupait autrefois, tous répétaient :

> Reine des Cieux,
> Jette les yeux
> Sur ce béni sanctuaire ;
> Et des pécheurs
> Guéris les cœurs,
> Et montre-toi notre mère.

> Entends nos vœux,
> Rends-nous heureux
> En nous donnant la victoire,
> Et pour jamais,
> De tes bienfaits
> Nous garderons la mémoire.

> Mets en nos cœurs
> Les belles fleurs,
> Symbole de l'innocence ;
> Conserve-nous
> Les dons si doux
> De foi, d'amour, d'espérance.

Des noirs enfers,
Brise les fers,
Ces fers de son dur esclavage ;
Éteins les feux
De l'antre affreux,
Et sauve-nous de sa rage.

Astre des mers,
Des flots amers
Calme la vague écumante ;
Chasse la mort,
Et mène au port
Notre nacelle tremblante.

Ne souffre pas
Que le trépas
Nous surprenne dans le crime ;
Non, ton enfant
Du noir serpent
Ne sera point la victime.

Si les accents
De tes enfants
S'élèvent jusqu'à ton trône ;
Dans ce séjour

Du bel amour
Garde-leur une couronne.

Accorde-nous,
De t'aimer tous
Dans la céleste patrie,
Et d'y fêter,
Et d'y chanter
L'aimable nom de Marie.

(LEFÈVRE. — Noté par Lambillote.)

Quel beau spectacle encore offrait cette multitude pendue aux lèvres du prédicateur et dévorant chacune de ses paroles ! Dans ce sermon que je fus obligé de prononcer sur la place, tant était grande l'affluence, je rapportai quelques-unes des grâces que j'ai eu le bonheur d'obtenir dans ce sanctuaire si cher à mon cœur, ou celles dont j'ai été témoin depuis vingt ans que j'exerce le saint ministère dans l'heureuse paroisse de Saint-Martin-de-Connée. Je n'ai pas cité des faits antérieurs, non pas qu'il n'y en ait point ; le

concours qui toujours se fait à cette chapelle est une preuve au contraire qu'il y
en a toujours eu. Avez-vous vu effective-
ment le concours des pauvres à la porte
d'un avare ? Mais parce que ces faits n'ont
pas été consignés avec assez de soin, je
n'ai voulu prendre que ceux dont j'ai été
personnellement témoin. Je ne puis ter-
miner cette Notice sans les rapporter.

Dans les premiers temps que j'étais en
cette paroisse, on vint me chercher pour
un malade en danger (1). Je m'informai
des causes pour lesquelles on n'était pas
allé chercher les prêtres de sa paroisse, et
j'appris que cet homme avait une haine
implacable contre quelqu'un. Je voulus
donc lever la difficulté avant d'entendre
sa confession. J'aborde la question, je lui
parle de la nécessité du pardon et je n'en
reçois aucune bonne réponse. J'insiste,
j'ai recours aux motifs que je crois les

(1) L..., d'Izé.

plus propres à faire impression et il me répond : *Je ne pardonnerai pas, advienne que pourra ; à la grâce !* J'insiste avec toute l'ardeur d'une âme déchirée par la crainte du malheur que je vois imminent, et toujours il me répond : *A la grâce !* Ne sachant plus que faire, je lui dis avec fermeté : Voyez, mon frère, l'enfer entr'ouvert devant vous, vous n'avez plus que quelques instants à vivre et si vous ne pardonnez pas, vous allez y tomber infailliblement. Alors le malheureux, ramassant le peu de force qu'il avait, se lève sur le coude, et, faisant de la main un geste affreux, il me dit : *Eh bien, à la grâce ! si je le voyais sur le bord de l'enfer, je voudrais encore lui donner un coup et l'y précipiter le premier.* Je m'en reviens donc le cœur désolé. Les prêtres de la paroisse reviennent ensuite, ils reçoivent la même réponse. Le lendemain matin, c'était un samedi, je me rends à la chapelle et je recommande aux prières des assistants un moribond sur le bord de l'enfer. De retour chez moi, je trouve une personne venant, de sa part, me chercher. *Allez,* lui avait-il dit, à l'heure où nous priions à la chapelle, *allez chercher mon confesseur, et dites-lui que je ferai tout ce qu'il voudra, je ne suis plus le même.* Je le trouve, en effet, dans d'excellentes dispositions, et il me remercie avec effusion, avec larmes, lorsqu'il a reçu les sacrements, et me fait promettre d'aller le revoir au plus tôt. Le lundi matin, en arrivant dans le village, j'aperçois une femme tout éplorée devant la porte, je lui demande des nouvelles du malade, sa réponse est un signe : elle me montre de la main la bière que l'on portait au cimetière !...

Il y a environ quinze ans, on voyait arriver de Sillé-le-Guillaume neuf petits garçons, traînant dans une petite brouette un petit infirme de huit à dix ans, dont tous les membres étaient perclus (1) : ils

(1) Malherbe, fils du geôlier de la prison de Sillé.

l'entrent avec la brouette dans la chapelle, accomplissent leur pélerinage et s'en retournent comme ils étaient venus.

Une femme du village considérait avec attendrissement ce petit bataillon et regrettait de voir que les vœux de ces jeunes enfants n'étaient pas exaucés. Plusieurs années après, un jeune homme, portant un cierge à la main, aperçoit cette femme à sa porte et lui dit : « Vous rap-
« pelez-vous avoir vu, il y a quelques
« années, amené ici dans une brouette
« un petit garçon bien infirme ? Hélas,
« oui ! répond-elle, mais ce n'est pas
« vous, assurément, car il ne fut pas guéri
« et j'en eus assez de peine. — Pardon,
« reprend le jeune homme, c'est bien moi.
« Il est bien vrai que je ne fus pas guéri
« à l'instant, mais le lendemain mes
« membres commencèrent à se détordre,
« et peu à peu je suis devenu tel que vous
« me voyez. Ma mère a fait un vœu : je
« viendrai chaque année remercier Notre-

« Dame du Chêne jusqu'à l'âge de 21 ans. »

Tandis que je racontais ainsi, et en citant d'autres exemples encore, les grâces que la bonne Mère aime à répandre dans sa chapelle de Notre-Dame du Chêne, elle publiait elle-même d'une manière encore plus frappante sa prédilection pour ce sanctuaire. Immédiatement après le sermon, en effet, le vénérable doyen de Bais, M. Gallienne, prenait sur l'autel, où elle avait été déposée un instant, la statue, pour la réinstaller dans son arbre béni, à l'endroit qu'elle occupait autrefois, et à ce moment même une jeune enfant de six ans, appartenant à la veuve Chadeau, du Haut-d'Orthes, recevait au pied de ce chêne une insigne faveur. Louise Chadeau était atteinte, depuis quinze mois, de fièvres on ne peut plus tenaces. Son teint jaunâtre et l'hydropisie déjà fortement prononcée, annonçaient une funeste issue. Depuis quinze jours la fièvre était continuelle, la petite ne se levait plus, ne prenait plus de nourriture et souvent était en proie au délire. Cependant il n'y eut plus moyen de la contenir lorsqu'elle entendit les chants de la procession, il fallut la tirer du lit et la porter à la chapelle. Cédant donc aux pleurs de son enfant et aux représentations de ses voisines, la veuve Chadeau la lève, la revêt comme elle peut (il s'en fallait de quatre doigts, c'est-à-dire de sept à huit centimètres que la robe put joindre, tant l'hydropisie était avancée), et aidée de ses voisins, elle devance la procession et va s'asseoir au pied du chêne, tenant sa petite entre ses bras. Or, au moment où la sainte image est replacée une crise s'opère. La mère croit que sa Louise va expirer et elle la sort précipitamment. *J'ai grand faim,* dit l'enfant aussitôt qu'elle est dehors, *il y a si long-temps que je n'ai mangé.* Elle mange avec appétit le pain grossier que lui présente la femme Moranne, chez qui la mère était entrée pour demander un morceau ;

puis elle s'en retourne de son pied, tenant sa mère par la main et lui disant : *Vois-tu bien maman que la bonne Vierge est plus habile que le médecin. Tu as donc bien prié, ma Louise ?* disait la mère. *Pourtant pas comme j'aurais bien voulu,* répliquait la petite ; *ils chantaient si haut, çà me cassait la tête.* Procès-verbal en a été dressé et signé des témoins oculaires.

C'est donc par un bienfait signalé en faveur de la pauvre veuve d'un mouleur que la bonne Notre-Dame reprenait possession de son sanctuaire. Et nous ne pouvons douter qu'en reparaissant dans des temps aussi malheureux que ceux où nous vivons, ce ne soit dans des desseins de grande miséricorde, avec la volonté de se montrer plus que jamais *secours des chrétiens, consolatrice des affligés.* Depuis ce moment, Marie s'est plu à nous en donner chaque jour de nouvelles preuves. Ainsi quinze jours après, le samedi 3 novembre, neuf personnes terminaient par la sainte communion une neuvaine à Notre-Dame du Chêne, à l'intention d'un jeune homme de Versailles, dont la vie était en danger par des attaques très-violentes d'anévrisme. Dans le cours de la semaine suivante , on nous communiquait une lettre dans laquelle nous lisions : *Samedi* (jour de la clôture de la neuvaine), *il s'est trouvé assez bien, il a pu sortir, il est bien content et vous remercie beaucoup... Tu me diras si les personnes que la bonne Vierge a guéries ont été guéries de suite.* Dans une autre lettre du 3 décembre, nous lisions encore : *Il n'a pas eu de crise depuis le jour de sa neuvaine: il a encore des palpitations, mais ce n'est plus rien, il se dit guéri et il va retourner au collége.*—*Le gros Edmond* (son ami qui, l'année précédente, avait obtenu un insigne bienfait dans la chapelle même), *est très-content, il a de bonnes places* (c'était la grâce qu'il était venu demander à Notre-Dame du Chêne, car jusque-là, il était loin de réussir).

Le 24 novembre, c'étaient deux époux qui venaient remercier la bonne Notre-Dame en lui présentant en sa septième année l'enfant qu'ils avaient voué dès sa naissance, parce qu'ils n'avaient pu élever les autres.

Le 1er décembre, une pauvre veuve amenait à la chapelle son enfant remercier Marie de la santé qu'elle lui avait rendue lorsqu'elle, pauvre mère, n'avait plus d'espoir.

Dans le cours du mois de janvier, nous recevions de M. le vicomte de Brezé un cœur en vermeil dans lequel se trouve l'inscription suivante :

EX VOTO

Offert a Notre-Dame du Chène

(Saint-Martin-de-Connée)

EN RECONNAISSANCE

DE LA GUÉRISON DE MADAME

MARIE DE BONNEVAL

MARQUISE DE CADORE

Novembre 1860

Cette dame, étant à Rome, avait été prise de ces fièvres nerveuses avec caractère pernicieux, qui se rencontrent souvent dans cette ville et sont extrêmement graves. Elle était à l'extrémité lorsqu'un vœu à son intention fut adressé à Notre-Dame du Chêne.

Aujourd'hui même nous recevons encore une lettre de M. le vicaire de Fyé, dans laquelle il demande une messe à la chapelle, pour le jour où un certain nombre de ses paroissiens doit faire le voyage, et il dit : *Une des personnes qui m'ont accompagné l'autre jour y a reçu une grâce très-grande.*

Arrêtons-nous ici : en voilà suffisamment non-seulement pour édifier et réjouir ceux qui aiment Marie, mais encore pour consoler et donner de l'espérance à ceux qui malheureusement ont été indifférents jusqu'à présent. Pauvres pécheurs et vous tous qui êtes dans l'affliction, venez trouver la bonne Notre-Dame-de-Pitié ; elle sait si bien ce que c'est que la douleur : Voyez donc, vous dit cette Reine des Martyrs, si votre douleur est égale à la mienne (1). Et tandis que vous compatirez à ses souffrances, elle répandra un baume salutaire sur les vôtres, car c'est pour vous guérir qu'elle vous appelle, et vous ne sortirez point de son sanctuaire sans avoir reçu quelque faveur de celle qui est la *consolatrice des affligés,* lors même qu'elle ne vous accorderait pas ce que vous lui demanderiez. Témoin ce pauvre père qui, il y a quinze jours, se tenait à genoux au pied du chêne contemplant la sainte image. Il avait perdu trois enfants et demandait ardemment la guérison du quatrième qui est son dernier. Tout-à-coup il se lève et s'adressant au vicaire qui se trouvait près de lui, il lui dit : *Il faut que vous me confessiez : la bonne Vierge me le dit. Je suis bien en retard, il y a quinze ans que je n'ai*

(1) *Attendite et videte si est dolor sicut dolor meus.* (Thr. I. 12).

été à *confesse*. Le pauvre homme ne pensait qu'à son enfant tandis qu'il était lui-même bien plus malade, et c'est sa propre résurrection qu'il a trouvée. Je ne dis pas qu'il n'ait pas été exaucé pour son fils, je n'en sais rien, cet homme étant de très-loin, sept lieues au moins. Saint Bernard l'a dit il y a long-temps dans la prière qui lui est attribuée : *Souvenez-vous, ô très-pieuse Vierge Marie, qu'on n'a jamais entendu dire qu'aucun de ceux qui ont eu recours à votre intercession ait été abandonné de vous...* surtout dans les sanctuaires que cette bonne Mère a désignés comme plus chers à son cœur, pourvu toutefois qu'on ne la déshonore pas au même moment par une vie criminelle.

Nous ne pouvons livrer au public cette nouvelle édition sans consigner ce qui s'est passé dans quelques mois écoulés depuis la première. Le pélerinage a retrouvé une partie de son ancienne splendeur, les fidèles sont accourus en grand

nombre et de bien loin. Des paroisses mé-
me, Parennes, Montreuil-le-Chétif, Douillet, sont venues grossir le nombre de celles
qui, depuis un temps immémorial, se sont
mises sous la protection de Notre-Dame
du Chêne. Rouessé-Vassé qui depuis 1836
était privée du bonheur de venir à la chapelle, s'est rangée avec amour autour de
son nouveau et pieux curé, et a fait son
voyage avec un empressement, un ordre,
une piété qui laisseront de longs souvenirs chez les habitants de Vimarcé, Saint-
Pierre-de-la-Cour et Saint-Martin-de-Connée, dont elle fait l'édification et l'admiration. Monseigneur l'Évêque, heureux de
voir s'augmenter la dévotion à Marie, a
autorisé, pour cette année, l'office solen-
nel et la bénédiction du Très-Saint Sacrement, dans ce béni sanctuaire, pour le
jour de la fête de l'Annonciation.

Marie, de son côté, n'est point restée
indifférente à ces nouvelles marques d'a-
mour.

L'enfant de........ Blanchard, sacristain de Sillé, âgé d'environ quatre ans, atteint du mal de gorge (le croup), qui faisait beaucoup de victimes, était en très-grand danger ; déjà on voyait les signes de la mort apparaître sur son visage et ses yeux se déplacer. *Il n'y a plus d'espoir qu'en Notre-Dame du Chêne*, dit le père à son épouse, *je pars pour la Chapelle.*

Il part à l'instant. A son retour, il n'était pas encore rentré à la maison que déjà apercevant la figure moins triste de sa femme, il comprenait que l'espérance était revenue. Le mieux continua jusqu'à parfaite guérison, seulement les yeux de l'enfant étaient restés déviés de leur orbite naturel. Au mois de septembre suivant (cela était arrivé au mois de juillet), je célébrai une messe d'actions de grâces à laquelle l'enfant assistait avec son père et sa mère, et le lendemain matin, combien fut grande la joie de ses parents lorsqu'ils s'aperçurent que les yeux de leur fils avaient recouvré leur direction ! Ce fait est attesté non-seulement par la signature du père et de la mère, mais encore par celle de témoins dignes de foi.

Le jeudi 10 octobre dernier, une voiture portant quatre personnes s'arrête au pied de la côte si rapide qui se trouve avant d'arriver à la chapelle, et l'une des personnes étant descendue, demande aux habitants de la Chaussée d'Orthes si c'est bien là le chemin qu'il faut suivre. *Est-il vrai*, ajoute-t-elle, *qu'une petite fille d'ici a été guérie par la bonne Notre-Dame du Chêne?* *Très-vrai*, répond Mme Héron, femme du fendeur. Hélas, nous amenons une petite aussi qui est infirme ! *Si la bonne Notre-Dame daignait donc nous la guérir également.* Arrivés à la porte de la chapelle, le père prend son enfant dans ses bras pour la descendre de la voiture, et la portant de la sorte il essaie de la mettre à genoux sur la petite bancelle qui se trouve au pied du chêne ; mais en vain, le corps et les membres de l'enfant sont trop contractés par le mal. Le père la place donc sur une chaise. Dans cette position, l'enfant fixant avec amour la sainte image, entend avec dévotion la messe de M. l'abbé Hiron, vicaire de Loué, puis la messe de M. le curé de Saint-Pierre-de-la-Cour. Après la dernière messe, le père et la mère viennent prendre leur fille par chacun un bras pour la porter baiser le chêne. A peine l'a-t-elle baisé qu'elle leur dit : *Laissez-moi donc ;* puis elle veut essayer de marcher, et sentant que l'usage de ses membres lui est rendu, elle fait le tour de la sainte demeure de Marie.

Pleins de joie et de bonheur, ces parents vinrent nous faire part de la bonne nouvelle et nous présenter leur enfant guérie. Voici le procès-verbal que nous avons rédigé en leur présence :

« L'an 1861, le 10 octobre, sur les onze
« heures du matin, ont comparu devant
« nous, Augustin Bressin, curé de Saint-

4

« Martin-de-Connée, actuellement en no-
« tre presbytère, Joseph Têtedoux, char-
« pentier à Montreuil-le-Chétif (Sarthe),
« et Virginie Hercé son épouse, père et
« mère de Joséphine Têtedoux, qu'ils nous
« ont présentée en arrivant de la chapelle
« de Notre-Dame du Chêne, située en
« notre paroisse ; ils étaient accompagnés
« de demoiselle Marguerite-Françoise Ra-
« vé, aussi demeurant audit Montreuil.
« Tous nous ont déclaré qu'ils étaient ve-
« nus en pélerinage à ladite chapelle de
« Notre-Dame du Chêne pour solliciter la
« guérison de ladite Joséphine Têtedoux,
« leur fille, âgée de dix ans, atteinte de-
« puis trois semaines de convulsions ner-
« veuses, qui avaient rendu ses jambes
« percluses, de telle sorte qu'elle n'avait
« pas marché depuis quinze jours. Ils ont
« affirmé que, cejourd'hui, après avoir
« entendu la sainte messe, prié dans ladite
« chapelle et baisé le chêne, la petite Jo-
« séphine Têtedoux, leur fille et amie, s'est

« trouvée guérie, que de ce moment elle
« marche bien, comme elle l'a fait en
« notre présence. En foi de quoi nous
« avons rédigé le présent procès-verbal
que tous ont signé avec nous.

« JOSÉPHINE TÊTEDOUX, J. TÊTEDOUX,
« V. HERCÉ, M. RAVÉ, A. BRESSIN,
« p^{tre} curé. »

Cependant, pour plus de certitude, nous
écrivîmes la semaine suivante au curé de
la paroisse, et voici sa réponse :

« 16 octocre 1861.

« MON CHER MONSIEUR LE CURÉ,

« Nons irons demain, jeudi, vous don-
« ner des nouvelles positives de notre
« petite fille, car nous retournerons à la
« chapelle dire une messe d'actions de
« grâces à son intention. C'est vous dire
« dèjà que sa guérison se maintient et
« qu'elle a confiance en Notre-Dame du
« Chêne. A demain donc le reste.......

« RENAUD, p^{tre} curé. »

En effet, le lendemain, jour de l'octave de la guérison, on voyait passer une nombreuse suite de voitures. En tête se trouvait, dans le devant de la voiture, une jeune fille bien modeste et bien pieuse, tenant d'une main un cierge et de l'autre un cadre dans lequel est écrit : Joséphine Têtedoux a été guérie dans cette chapelle le 10 octobre 1861. Gloire à Sainte Marie du Chêne !

A la vue de tant de personnes, notre cœur s'émut et nous ne pûmes nous empêcher de leur adresser la parole pour les féliciter de ce que les habitants de Montreuil n'imitaient pas les lépreux de l'Evangile, dont un seul sur dix fut reconnaissant et revint remercier Notre Seigneur Jésus-Christ de sa guérison.

Le digne curé de Montreuil nous raconta toutes les circonstances qu'on nous avait apprises huit jours plus tôt, et particulièrement qu'on avait épuisé les moyens de l'art, et signa lui-même le procès-verbal.

La guérison est stable ; la petite Joséphine
a profité du premier de l'an pour nous
donner de ses nouvelles.

Plusieurs fois encore, depuis cette époque, la *Mère aimable* a, dans son béni
sanctuaire, accordé des grâces assez si-
gnalées. Mais nous ne pouvons tout insé-
rer dans cette petite Notice ; nous nous
bornerons donc à les consigner dans un
registre spécial.

Bonne et tendre Mère, puisse ce récit
qui retrace quelques traits de votre tendresse ne pas vous déplaire, quelqu'imparfait qu'il soit ! Puisse-t-il vous faire
connaître et aimer davantage et nous
aider ainsi à nous acquitter de la dette
que nous a fait contracter envers vous la
multitude de vos bienfaits ! Il est surtout
une faveur dont nous voulons vous remercier ici publiquement au nom de cette
paroisse de Saint-Martin-de-Connée, que
vous avez prise d'une manière si directe
sous votre protection ; c'est de lui avoir

toujours donné des pasteurs de votre choix et selon votre cœur.

Quand nous nous rappelons les vertus de ce vénérable vieillard, M. Chauveau, avec qui nous avons vécu plusieurs années, sa foi ardente, son attachement à la sainte Église romaine et à son Chef, sa fermeté qui le fit triompher de la prison et de l'exil ; le dévouement, l'intrépité de M. Piveron et de M. Hellouin, le martyre de M. Burin, la charité de M. de Souvré (D), nous ne pouvons ne pas reconnaître là votre prédilection pour la paroisse de Saint-Martin et nous ne craignons plus pour notre faiblesse dans ces jours si difficiles, si semblables à ceux dans lesquels ils vécurent eux-mêmes. Nous avons l'espérance bien fondée d'une protection assurée de votre part, et l'espérance de vous présenter un jour, dans la céleste patrie, de nombreux enfants !

IV.

Que s'est-il donc passé d'extraordinaire, à la chapelle de Notre-Dame du Chêne de Saint-Martin-de-Connée, en cette année 1862 ? Trente-une paroisses (1) y sont venues en procession à la suite de leurs

(1) Les paroisses qui sont venues cette année, sont : 1° Averton ; 2° St-Aubin-du-Désert ; 3° St-Martin-de-Connée ; 4° St-Germain-de-Coulamer ; 5° Villaines-la-Juhel ; 6° Courcité ; 7° St-Georges-sur-Erve ; 8° St-Thomas-de-Courceriers ; 9° Montreuil-le-Chétif ; 10° St-Mars-du-Désert ; 11° Izé ; 12° Mont-Saint-Jean ; 13° Rouessé-Vassé ; 14° St-Georges-le-Gaultier ; 15° Bais ; 16° Vimarcé ; 17° Douillet ; 18° la ville de Sillé-le-Guillaume ; 19° St-Pierre-de-la-Cour ; 20° Pezé-le-Robert ; 21° Crissé ; 22° Belgeard ; 23° Villepail ; 24° St-Aubin-de-Locquenay ; 25° Ségrie ; 26° Fyé ; 27° Soulgé-le-Gannelon ; 28° St-Christophe-du-Jambet ; 29° Moitron ; 30° Assé-le-Béranger ; 31° Voutré.

Il serait difficile d'indiquer ici tous les prêtres qui ont accompli leur pélerinage à Notre-Dame-du-Chêne ; mais, ce que je puis consigner avec exactitude, c'est que, à l'époque où j'écris, il a été célébré plus de 600 messes dans la sainte chapelle.

curés ; des prêtres nombreux y viennent, chaque jour, de fort loin, célébrer la sainte messe et y sont toujours accompagnés de nombreux pélerins. Ah ! c'est que les faveurs obtenues dans ce lieu béni ont été plus abondantes, et alors la reconnaissance et les besoins personnels ont mis en mouvement toutes les populations de huit à dix lieues à la ronde. Parmi la multitude des bienfaits attribués, cette année, à la bonne Notre-Dame du Chêne, il en est un public et éclatant, qui a fixé l'attention des fidèles, même de plusieurs dont la foi était chancelante, et que beaucoup de personnes se réjouissent de voir consigné dans la troisième édition du *Manuel du Pélerin*. Cependant en l'y insérant, nous nous garderons bien de le caractériser autrement que la sainte Église nous permet de le faire. Nous ne ferons que de raconter le fait, avec les précautions que nous avons prises pour ne pas nous exposer témérairement dans une voie si pleine d'écueils. Abordons donc simplement notre sujet et le voici : Une personne de Montreuil-le-Chétif, près de Fresnay, diocèse du Mans, avait, depuis plus de quinze ans, un ulcère qui s'étendait sur une partie de sa poitrine et de son côté; depuis environ cinq ans, une de ses jambes était presque pourrie, et depuis trois ans, une plaie hideuse couvrait tout son front et son nez ; sur cette plaie était une croûte noire d'un aspect repoussant. Cette pauvre fille était encore affligée d'une autre infirmité secrète qu'elle n'avouait à personne. Toutes ces plaies répandaient une odeur si fétide, qu'elle ne pouvait plus aller travailler chez les particuliers, de son état de lingère ; une de ses parentes, qui habite Fresnay, la recueillait chez elle, pendant les semaines, pour lui donner de l'ouvrage à la maison, afin de lui procurer ainsi les moyens de gagner sa vie. Elle faisait peu de consommation, puisque quarante-cinq centimes lui suffisaient pour sa nourriture de six jours.

Dans cet état de souffrance, et comptant pour peu les secours humains, notre pauvre malade vint à Notre-Dame du Chêne demander des secours surnaturels, et sa confiance n'a pas été trompée, ainsi que nous le verrons dans la suite.

C'était le 2 juillet dernier (1862) que la paroisse de Montreuil-le-Chétif est venue accomplir son pélerinage annuel ; il y avait, ce jour, trois autres paroisses et celle de Montreuil devait entrer la dernière dans la sainte chapelle. Au milieu de la foule, j'aperçus cette pauvre malade qui faisait compassion à voir et brûlait du désir d'approcher du chêne béni. Je n'en connus pas davantage alors ; mais le dimanche suivant, 6 du même mois, plusieurs personnes de Montreuil arrivaient dès cinq heures du matin, dans notre église paroissiale, afin d'y assister à la première messe, pour retourner de nouveau à la sainte chapelle, et, en s'en retournant, sur les dix heures, l'une de ces personnes revint sur ses pas et me dit avec empressement, en m'abordant dans la cour du presbytère : Savez-vous, Monsieur le Curé, le *grand miracle* qui est arrivé mercredi dernier, quand nous sommes venus à votre chapelle ? — Non, lui répondis-je. — Vous n'avez donc pas vu cette personne toute défigurée par un mal affreux ? — Si, je l'ai vue ; mais bientôt je détournai mes regards ; car elle faisait mal à voir. — Et bien, Monsieur le Curé, elle est parfaitement guérie ; tout le monde vient la voir *en procession*, et Monsieur le Curé va revenir avec la paroisse pour remercier la Sainte Vierge. N'ayant pas d'autres renseignements, j'écrivis à M. le Curé de Montreuil pour savoir de lui la vérité, et le mardi suivant, 8 du même mois, je reçus la lettre que je transcris :

« Montreuil-le-Chétif, 7 juillet 1862.

« Réjouissons-nous, mon cher Monsieur le Curé ; la bonne Notre-Dame du

Chêne vient de manifester encore parmi nous sa puissance et sa bonté ; c'est la seconde fois que la pauvre paroisse de Montreuil-le-Chétif a part aux largesses de la divine Marie. Oh ! qui sommes-nous et qu'avons-nous fait pour obtenir ses faveurs ? Le bon Dieu a-t-il sur nous des vues particulières de miséricorde et d'amour ? La sainte Mère demande-t-elle de nous quelque chose ? J'espère du moins que ces faits affermiront notre foi et augmenteront notre amour pour le bon Dieu et notre confiance en Marie. Par reconnaissance aussi nous retournerons à la Chapelle jeudi prochain ; la pauvre malade y sera, bien entendu, la paroisse y sera, les voisins y seront ; car tout le pays est ému ; nous tenons à faire voir à Marie son œuvre et à bénir son saint Nom. Je remets donc à jeudi tous les détails que la malade pourrra compléter elle-même ; sachez toutefois d'avance qu'il y a eu guérison parfaite, entière, simultanée de plusieurs plaies réputées incurables, et qu'il y a eu même dans les circonstances qui ont précédé, accompagné et suivi la guérison, quelque chose de vraiment extraordinaire, je dirai presque plus que miraculeux. Au reste, vous verrez et vous entendrez. A jeudi donc, mon bon Monsieur le Curé ; nous tâcherons d'arriver, comme la semaine dernière, sur les sept heures. Si vous pouviez vous trouver à la Chapelle, je ne m'arrêterais pas au bourg et je me réserverais pourtant d'accepter votre dîner.

« Agréez l'assurance de ma respectueuse affection.

« RENAUD, ptre. »

Cette lettre, présentée à Monseigneur l'Évêque de Laval et à ses deux vicaires généraux, a été lue avec le plus grand intérêt, et Sa Grandeur a permis de faire à la sainte chapelle un salut du Très-Saint Sacrement après la messe de M. le Curé de Montreuil, le jeudi 10 juillet 1862, en chargeant toutefois M. le Curé de Saint-Martin-de-Connée de faire une enquête et de lui en adresser un rapport.

Pélerinage d'action de grâces de la paroisse de Montreuil-le-Chétif.

Le jeudi, 10 juillet, jour indiqué, la paroisse de Montreuil-le-Chétif arriva , à sept heures du matin, avec un bon nombre de personnes de la ville de Fresnay, de Saint-Christophe-du-Jambet, y compris M. le Curé, et même de Sillé-le-Guillaume. Tous se rangèrent en procession, au nombre d'environ cinq cents : la personne guérie portant la bannière ; les femmes sur deux lignes, suivies des hommes, qui chantaient avec âme les litanies de la Très-Sainte-Vierge, dont les invocations étaient répétées trois fois. Il est difficile de retracer le silence, le recueillement et surtout l'impression de cette nombreuse multitude : quelle piété ! La petite Joséphine Têtedoux qui avait aussi été guérie, le 10 octobre précédent, dans la pieuse chapelle, était vêtue de blanc et portait aussi une petite bannière. Après la sainte messe, j'adressai à ces populations si recueillies quelques paroles d'édification sur la reconnaissance et l'humilité comme moyens d'obtenir de nouvelles faveurs. Puis eut lieu la bénédiction du Très-Saint Sacrement. La cérémonie étant terminée, j'invitai M. le Curé de Montreuil-le-Chétif à se rendre au presbytère avec la personne guérie, pour procéder devant lui et en présence de M. l'abbé Lamarre, vicaire de Saint-Martin, et de M. le Curé de Vimarcé, à l'interrogatoire qui suit, afin de le présenter avec les enquêtes à Monseigneur l'Évêque de Laval, conformément à la prescription qu'il m'en avait faite.

INTERROGATOIRE.

Demande : Comment vous nommez-vous ? Réponse : Elise Rondeau. D. Où

êtes-vous née ? R. A Montreuil-le-Chétif,
dans le doyenné de Fresnay, diocèse du
Mans. D. Quel est votre âge ? R. Quarante-
deux ans accomplis. D. Quelle est votre
profession et où habitez-vous actuellement ? R. Je suis lingère ; j'habite Montreuil ; mais je travaille la semaine à
Fresnay. D. Depuis combien de temps
aviez-vous cette plaie que j'ai vue, qui
couvrait votre front et votre nez ? R. Depuis trois ans. D. Quel a été le commencement de cette maladie ? R. J'avais depuis l'enfance, au milieu du front, une
verrue que j'avais écorchée; c'est ce qui a
été le commencement de la plaie que vous
avez remarquée, le 2 juillet, c'est-à-dire,
il y avait hier huit jours. D. N'aviez-vous
pas d'autres plaies ? R. Si, Monsieur ; ma
poitrine était ulcérée et une partie du
côté ; une de mes jambes était presque
pourrie et répandait continuellement du
pus et du sang. D. On dit que vous aviez
encore une autre infirmité ? Elise Ron-

deau hésite à répondre et M. le Curé de Montreuil lui dit : Parlez, Elise, ou bien je vais me servir de la liberté que vous m'avez donnée pour parler à votre place. Alors Elise Rondeau répond : J'avais encore une autre infirmité dont je n'ai parlé qu'à mon confesseur. D. On dit que sous la croûte qui couvrait votre front, il y avait des vers ? R. Oui, Monsieur, et on m'en avait retiré plusieurs avant mon voyage à la Chapelle-du-Chêne ; et c'était parce que de mes plaies s'exhalait une odeur trop fétide que je ne pouvais plus aller travailler chez les particuliers. D. Vous avez dû consulter les médecins plusieurs fois (1) pendant une maladie de trois ans ? R. Je les ai peu consultés. D. Pourquoi ne les consultiez-vous pas ; car l'homme a l'instinct de sa conserva-

(1) Nous ne parlons ici que de la plaie du front, parce qu'il n'y avait que cette plaie qui fut visible à tout le monde; nous verrons d'autres renseiguements dans les procès-verbaux d'enquête.

4*

tion ? R. C'est que (comme j'avais plusieurs infirmités), si j'avais montré une de mes plaies, il eut fallu les montrer toutes, et cela me répugnait. D. Que vous a dit M. N.., excellent docteur-médecin, quand il vous a vue ? R. Il m'a dit que mon sang était gâté et n'était que du pus ; puis on m'a rapporté qu'il avait dit à d'autres personnes que j'avais un cancer qu'on ne guérirait point. D. Vous avez-vu aussi M. N.., autre médecin de votre pays, que vous a-t-il dit ? R. Il m'a dit : ma fille, il vous eut fallu subir l'opération ; mais aujourd'hui il est trop tard. D. Que lui avez-vous répondu ? R. Tant mieux, Monsieur, car je n'aurais pu me résoudre à la subir. D. Cependant vous n'avez pas été sans faire quelque chose, employer quelques remèdes pendant une si longue maladie : quels étaient ces remèdes et qui vous les procurait ? R. On me faisait venir de Paris des poudres pour guérir les cancers, et un pharmacien m'avait conseillé de faire dans la plaie de mon front des injections de vin blanc, lesquelles injections quoiqu'abondantes sinfiltraient et se perdaient dans la plaie. D. Quand êtes-vous venue pour la première fois à la chapelle de Notre-Dame du Chêne de Saint-Martin-de-Connée ? R. Le 16 juillet dernier 1861. D. Avez-vous éprouvé du soulagement ? R. Non, Monsieur. D. En quel temps fîtes-vous le second voyage à notre pieuse chapelle ? R. Le 20 du mois de janvier dernier 1862. D. A votre retour chez vous, n'a-t-on pas semblé vouloir vous plaisanter à ce sujet ? R. On m'a dit que je n'étais pas plus riche de mon voyage puisque ma santé était la même. D. Comment avez-vous répondu à cela ? R. J'ai dit qu'à la vérité, la Sainte Vierge ne m'avait pas guérie, parce que j'en étais indigne ; mais que j'avais gagné plus de paix pour mon âme et plus de patience dans mes souffrances, et que certainement je ne me rebuterais pas, espérant toujours dans la bonté de la Sainte Vierge. D. Vous ne vous êtes donc jamais découragée, et vous aviez toujours le désir de revenir à la sainte chapelle ? R. Non, Monsieur, je ne me suis jamais découragée, et quand j'ai appris que M. le curé de Montreuil devait y ramener notre paroisse la semaine dernière, le jour de la Visitation de la Sainte Vierge, ma résolution d'y venir a été fortement arrêtée. Une difficulté se présentait, je ne pouvais venir à pied (1); mais la divine Providence m'avait ménagé une occasion, et je me suis préparée pour faire la sainte communion dans la pieuse chapelle. D. Comment vous trouviez-vous dans les jours qui ont précédé votre pélerinage ? R. J'étais plus souffrante ; mais je ne voulais pas manquer une occasion

---

(1) La mauvaise odeur de toutes les plaies d'Elise Rondeau exigeait un dévoûment de charité pour la prendre dans une voiture où l'on est ordinairement bien pressé dans ces sortes de voyages ; mais ce jour là la divine Providence lui avait fait offrir une place.

si favorable. D. Pendant le saint sacrifice
de la messe, dans la sainte chapelle, au
milieu de la foule où je vous ai aperçue,
n'avez-vous pas éprouvé quelque crise ou
quelque chose d'extraordinaire ? R. Non,
Monsieur, si ce n'est une faiblesse extrême, tellement que moi qui ne transpirais
jamais, j'avais mouillé tous mes linges :
je craignais même de ne pouvoir me rendre à la sainte table. D. N'avez-vous pas
alors éprouvé quelque découragement ?
R. Non Monsieur, car il me semblait entendre une voix intérieure qui me disait
toujours : courage, et tu seras guérie. D.
Après la sainte communion n'avez-vous
pas été fortifiée, n'avez-vous rien éprouvé
d'extraordinaire ? R. La faiblesse a conti-
nué toujours. D. Comment le voyage de
retour s'est-il effectué ? R. Assez bien, à
part la faiblesse qui m'emportait. D. A
quelle heure êtes-vous arrivée à Fresnay?
R. A cinq heures du soir. D. On m'a dit
que vous vous étiez couchée en arrivant,

que vous aviez dormi jusqu'au lendemain, et qu'à votre réveil vous étiez guérie ? R. Non, Monsieur, je ne me suis couchée qu'à onze heures et demie. D. Pourquoi vous couchiez-vous si tard dans un jour où vous aviez éprouvé tant de fatigues, après un voyage de douze lieues ? R. C'est que depuis que j'étais malade, je ne reposais pas toujours une heure chaque nuit, et alors j'avais trop de temps à passer au lit. D. Vous êtes-vous endormie sur-le-champt? Non, Monsieur, une heure après seulement. D. Votre sommeil s'est-il prolongé plus que de coutume et était-il bon ? R. J'ai dormi plus de trois heures ; mais j'ai eu un songe qui m'accablait. D. Quel était donc ce rêve qui vous était si pénible ? R. Je me croyais au jugement de Dieu, Notre-Seigneur Jésus-Christ avec sa croix, tout ensanglantée me reprochait de ne pas avoir assez profité de ses souffrances, et, voyant toutes mes actions dans la balance, je craignais d'être condamnée ; c'est là ce qui m'accablait, et je m'éveillai après environ quatre heures de sommeil, sous l'impression de ce songe. D. Vous êtes-vous aperçue être guérie aussitôt après votre réveil ? R. Non, Monsieur, je restai encore quelques instants sous l'impression de mon rêve, sans être libre de mon jugement. D. Comment vous êtes-vous aperçue être guérie ? R. Je portai la main à mon front, et je ne trouvai plus la croûte qui le recouvrait. D. Vous dûtes être bien étonnée de ne plus trouver la plaie qui vous faisait tant souffrir ? R. Oui, Monsieur. D. Que fîtes vous alors ? R. Je me levai promptement, et je pris mon miroir pour m'assurer si je rêvais encore. D. Quand vous reconnûtes que votre front était guéri, songeâtes vous de suite à vos autres plaies ? R. Je regardai aussitôt ma jambe, et, la voyant déliée de ses linges et ligatures, j'aperçus qu'elle était parfaitement guérie, ainsi que mes autres plaies. D. Après vous être assurée que vous étiez bien éveillée et que vous étiez guérie, qu'avez-vous fait ? R. J'appelai promptement mes parents et leur dis avec empressement : je suis guérie. D. Quelle fut leur impression en vous voyant ? R. Ils étaient dans un tel étonnement, que l'un d'eux qui n'était pas fort religieux, dit aussitôt : Je vois bien qu'il y a quelque chose au-dessus de nous, j'irai, à la messe (1), et après avoir inspecté mon visage, ils voulurent voir ma jambe, qu'ils reconnurent être parfaitement guérie, et ils furent dans l'admiration. D. Cette joie fut-elle concentrée dans la famille ? R. Non, Monsieur ; les voisins, bientôt instruits de cette merveille, vinrent la partager avec

(1) Il y a ici une petite variante et personne n'en sera surpris. Elise Rondeau s'éveille guérie, elle va toute tremblante éveiller des parents ; elle a cru entendre son cousin dire : Je sais bien qu'il y a quelque chose au-dessus de nous ; j'irai à la messe, et la femme Houlbert a entendu que son mari disait : Le bon Dieu est descendu chez nous, allons à la messe !

nous. D. Que se passa-t-il alors à la maison ? R. Mes parents et les voisins fouil-
lèrent aussitôt mon lit pour retrouver les
croûtes qui recouvraient mes plaies. D.
Trouvèrent-ils quelque chose des restes
de vos plaies ? R. Après une perquisition
minutieuse dans mon lit, dessous et autour, ils n'ont retrouvé que les linges de
ma jambe, encore tachés de sang, avec la
ligature qui les enveloppait. D. Monsieur
le pharmacien qui vous avait conseillé
quelques adoucissements, vous a-t-il vue ?
R. Oui, Monsieur, le lendemain de ma
guérison il vint me voir. D. Que vous a-t-
il dit ? R. Il dit : la peau est bien nourrie,
je vous donnerai des poudres et de l'huile
d'amandes douces, ou plutôt, ajouta-t-il,
je ne vous donnerai rien ; car il ne faut
pas que la main de l'homme touche ce
qu'a fait la main de Dieu. D. Cela s'est-il
promptement répandu dans la ville de
Fresnay ? R. Oui, Monsieur, et à Montreuil
où je le fis dire sur-le-champ par le fac-

teur ; et la maison de mes parents où je travaille à Fresnay, fut de suite assiégée par les visiteurs, et il en fut de même à Montreuil quand j'y fus arrivée, le samedi au soir, 5 juillet 1862.

Ainsi se termine l'interrogatoire qui eut lieu, comme nous l'avons dit plus haut, en présence de MM. Florent Renaud, curé de Montreuil-le-Chétif, Joseph Gilmas, curé de Vimarcé et Léon-Michel Lamarre, vicaire de St-Martin-de-Connée, lesquels après avoir considéré encore le visage d'Elise Rondeau et n'y avoir plus reconnu qu'une petite tache noire comme témoignage de son ancienne infirmité, ont signé avec nous et la dite Elise Rondeau. Le registre est signé : F. Renaud, prêtre, J. Gilmas, L. M. Lamarre, Elise Rondeau et A. Bressin, p^{tre} curé.

Pour arriver à une certitude morale de la vérité du fait exposé ci-dessus, il nous restait une tâche à remplir : c'était de faire une enquête sur les lieux qu'habite la personne guérie. Nous laissâmes s'écouler vingt-sept jours avant de l'entreprendre, afin de laisser le temps lui-même nous apporter sa preuve ; nous allons citer ici nos informations, qui pourront bien-être considérées comme pièces justificatives.

Procès-verbal de l'enquête faite à Montreuil-le-Chétif.

Le 29 juillet 1862, nous Augustin Bressin, curé de St-Martin-de-Connée, doyenné de Bais, diocèse de Laval, soussigné, nous sommes transporté dans la paroisse de Montreuil-le-Chétif , doyenné de Fresnay, diocèse du Mans, et nous sommes allé au presbytère dudit lieu, où nous avons trouvé Monsieur l'abbé Florent Renaud curé de ladite paroisse de Montreuil. Nous lui avons déclaré que nous étions venu pour prendre des informations sur la guérison d'Elise Rondeau, qui avait eu lieu d'une manière extraordinaire, à la suite du pélerinage qu'elle avait fait à la chapelle de Notre-Dame du Chêne, située en notre dite paroisse, le jour de la Visitation de la Sainte Vierge, le 2 juillet présent mois ; nous lui avons demandé : 1° Si la santé de ladite Elise Rondeau s'est maintenue depuis la guérison opérée le deux du courant ; 2° S'il se trouverait dans sa paroisse quelques personnes qui ayant connu la susdite Elise Rondeau pendant les trois années de sa maladie et sa guérison extraordinaire, voudraient attester leurs témoignages par leurs signatures. Monsieur le curé a répondu qu'il voyait très souvent la susdite Elise Rondeau et qu'elle se portait à merveille ; que même elle n'avait éprouvé, depuis sa guérison, aucune indisposition, et que tous ceux qui la connaissaient se feraient un plaisir d'apposer ici leurs signatures. Nous en avons interrogé plusieurs, et nous avons clos et arrêté le présent procès-verbal pour servir à l'édification des fidèles, les jour, mois et an susdits.

(Suivent les signatures au nombre de 46).

Procès-verbal de l'enquête faite à Fresnay.

L'an mil huit cent soixante-deux, le huit août, nous Augustin Bressin, curé de Saint-Martin-de-Connée, soussigné, nous sommes transporté dans la ville de Fresnay, diocèse du Mans, pour y faire une enquête au sujet de la guérison extraordinaire d'Elise Rondeau, ouvrière, domiciliée à Montreuil-le-Chétif, dudit doyenné de Fresnay, et nous sommes descendu chez M. Constant Coutelle, marchand de draps, Grand'Rue, afin d'être au centre des personnes qui ont le plus connu ladite Elise Rondeau, qui travaille toujours audit Fresnay, pour nous informer si ces personnes ont connu la maladie d'Elise et sa guérison subite à la suite du pèlerinage qu'elle a fait, le 2 juillet dernier, à

la chapelle de Notre-Dame du Chêne, sise
en notre dite paroisse de Saint-Martin-de-
Connée, dans le doyenné de Bais, au diocèse de Laval. Nous avons déclaré et dé-
clarons que cette information n'est pas
faite pour caractériser ladite guérison,
mais pour l'attester avec ses circonstances.
Nous avons d'abord demandé à Monsieur
le doyen ce qu'il savait à ce sujet, et il
nous a répondu qu'il avait eu peu de rapports avec cette personne, mais qu'il l'a-
vait vue bien des fois à l'église, avait reconnu la plaie de son front dont l'aspect
était hideux, et qu'il savait que le lendemain de son voyage à la chapelle du Chêne, elle était guérie, et que plus de 400
personnes étaient allées la voir. Nous
avons ensuite interrogé la femme Houlbert, cousine germaine et hôte d'Elise
Rondeau, laquelle nous a déclaré que ladite Elise Rondeau avait le sang gâté et des
plaies sur le corps depuis environ quinze
ans, vu qu'à cette époque, étant allée

écorcer du bois dans une forêt, elle avait été surprise par un violent orage accompagné d'nne pluie torrentielle qui l'avait glacée ne trouvant pas d'abri. Elle a attesté de plus que les plaies d'Elise Rondeau étaient tellement infectes qu'elles laissaient une mauvaise odeur aux linges qu'elle confectionnait ou réparait; qu'elle, maîtresse d'Elise Rondeau, était obligée de purifier lesdits linges avant de les rendre à leur destination. Plusieurs autres nous ont déclaré qu'à l'église et ailleurs, ils étaient très-incommodés de son voisinage. Madame Motreuil de Fresnay nous a assuré qu'elle avait vu Elise Rondeau arriver le soir de la veille de son pélerinage, que la plaie de son front répandait du sang, et que le lendemain de son voyage elle l'avait vue parfaitement guérie : ce qui nous a obligé d'interroger de nouveau la susdite femme Houlbert pour savoir d'elle si elle n'avait jamais surpris Elise Rondeau pansant les plaies de son

corps ; et elle nous a répondu qu'elle l'a-
vait surprise bien des fois, et que d'ailleurs les linges qu'elle changeait en
étaient une preuve bien convaincante,
puisqu'ils étaient tout imprégnés du pus
que répandaient ses plaies ; et qu'elle s'é-
tait assurée par ses yeux depuis son pélerinage, que ses plaies étaient entièrement
et parfaitement guéries. Louis Boulay ,
propriétaire et tisserand demeurant aussi
à Fresnay, est venu spontanément nous
trouver pour nous dire qu'il connaissait
depuis longtemps les infirmités de la susdite Elise Rondeau, et qu'il s'est réjoui de
sa guérison extraordinaire. La femme
Brière, dudit Fresnay, déclare avoir vu la
jambe malade d'Elise Rondeau. Et les susdits ont signé avec plusieurs autres qui ont
fait la même déclaration. La femme Houlbert a déclaré ne savoir signer, mais a
dit que son mari, témoin comme elle de
tout ce que dessus, allait signer avec les
déclarants ci-dessus nommés ou indiqués.

C'est pourquoi nous avons clos et arrêté le présent procès-verbal, les mêmes jour, mois et an susdits.

(Suivent les signatures au nombre de 60).

Déclaration de M. le pharmacien qui a visité Elise Rondeau le lendemain de sa guérison.

La demoiselle Elise Rondeau, de Montreuil-le-Chétif, était affectée, depuis trois ans, d'une croûte noire, d'un aspect repoussant, qui lui couvrait le front et s'étendait sur le nez. Je suis allé, le 4 juillet dernier, vérifier la guérison de cette affection, arrivée pendant la nuit du 2 au 3 juillet : j'ai parfaitement constaté la disparition de la croûte, à l'exception d'un fragment du diamètre d'une forte lentille, qui est tombé depuis.

Fait à.... le 8 août 1862.

(Suit la signature).

5

*Déclaration des habitants de St-Martin-de-
Connée qui, demeurant près de la chapelle du Chêne, ont vu Elise Rondeau, le 2
juillet 1862, venant à ladite Chapelle du
Chêne pour demander sa guérison, et l'ont
vue de nouveau le 10 du même mois venir
rendre grâce après l'avoir obtenue.*

Nous, soussignés, habitants de St-Martin-de-Connée, demeurant aux hameaux
d'Orthe et de la Chapelle de Notre-Dame
du Chêne, pour rendre hommage à la vérité, certifions avoir vu de près, le 2 juillet dernier, soit dans nos habitations, soit
à ladite Chapelle de Notre-Dame du Chêne, Elise Rondeau, de Montreuil-le-Chétif
(Sarthe), et nous avons remarqué son front
tout couvert d'une croûte qui était affreuse
à voir ; et le dix du même mois, nous
avons vu, de nouveau, la même Elise
Rondeau, revenant à ladite chapelle, son
front étant parfaitement guéri, ce qui
nous a remplis d'étonnement. C'est pour-

quoi nous avons signé le présent acte, à Saint-Martin-de-Connée, le 13 août 1862.

(Suivent treize signatures).

En terminant cet exposé, nous pouvons déclarer sincèrement que, si nous n'eussions pas vu, de nos yeux, la maladie et la guérison subite d'Elise Rondeau, deux choses eussent porté la conviction dans notre âme, savoir : premièrement que, pendant les trois jours que nous avons passés, soit à Montreuil-le-Chétif, soit à Fresnay, à la recherche de la vérité, nous n'avons trouvé aucun contradicteur ; secondement que de ces paroisses et des paroisses circonvoisines sont venues et viennent encore, chaque jour, toutes ces nombreuses populations, si empressées d'implorer le secours de la très-sainte Vierge.

A. BRESSIN, p^{tre} curé.

Pélerinage de Monseigneur l'Évêque de
Laval à Notre-Dame du Chêne.

Après avoir interrogé les souvenirs et
fouillé les archives de la paroisse de St-
Martin-de-Connée , nous pouvons dire
qu'il est inoui que quelque évêque eût
visité notre vénéré sanctuaire de Notre-
Dame du Chêne ; le manque de chemin
en était assurément la principale cause.
Mais cette année Mgr l'évêque de Laval,
ayant eu connaissance de quelques-unes
des grâces qui y ont été obtenues, aussi
bien que du concours qui s'y fait, et d'ailleurs attiré par sa piété envers la sainte
Vierge, a désiré s'assurer par lui-même
de ce qui se passait dans ce lieu privilégié. Sa Grandeur fixa donc son pélerinage
au lundi 15 septembre, octave de la Nati-
vité. Les paroissiens de St-Martin, tous
remplis de joie, voulurent rivaliser de
zèle, pour recevoir le pieux pontife. Les

ouvriers des forges d'Orthes surtout, qui
sont très-voisins de la sainte chapelle, et
les habitants du hameau même de la chapelle ont montré, par leur admirable dévouement, combien ces lieux sont chers à
leurs cœurs, aussi bien que l'illustre pélerin qui les visitait. Tous ces braves ouvriers mouleurs en sable avaient disposé
le kilomètre de chemin qui les sépare du
vénéré sanctuaire en une avenue déli-
cieuse ; les deux côtés étaient bordés
d'arbres décorés, entre lesquels étaient
de petits monticules de sable, surmontés
de vases de fleurs ; quatre arcs de triomphe ornaient la chaussée d'Orthes et portaient des inscriptions bien choisies, et
des oriflammes de diverses couleurs qui
s'agitaient au gré des vents. La chapelle
elle-même avait été décorée, en dedans et
en dehors, par le goût et le zèle de M.
l'abbé Forveille, actuellement vicaire de
la paroisse. Les vieux murs du sanctuaire
étaient à l'extérieur comme à l'intérieur

couverts de guirlandes festonnées, d'oriflammes et d'inscriptions. Il fut aidé par
un ancien militaire, aujourd'hui cultiva-
teur au hameau de la Chapelle du Chêne ;
et ce bon père de famille avait, selon son
goût, élevé, en dehors de la pieuse chapelle, une chaire champêtre, d'où il espé-
rait que la voix du prélat se ferait entendre, et il ne fut pas trompé. M. l'abbé
Lamarre, ancien vicaire de Saint-Martin-
de-Connée et aujourd'hui curé de Belgeard, lui qui a tant travaillé pour accroî-
tre la dévotion à Notre-Dame du Chêne,
et qui déjà dans sa nouvelle paroisse a
reçu des marques de la protection de la
bonne Notre-Dame, était arrivé de 28 kilomètres avec plus de deux cents de ses
paroissiens, qu'il conduisait en actions de
grâces et processionnellement au béni
sanctuaire. Les étrangers étaient venus
en foule de plus de six lieues à la ronde,
et leurs voitures encombraient les chemins environnants. Tout ainsi disposé,

on vit, à huit heures, arriver Monseigneur,
qui descendit de voiture au premier arc
de triomphe, accompagné de M. l'abbé
Wicart, son vicaire général, et de M. le
curé de Saint-Martin-de-Connée. Aussitôt
les prêtres des environs, qui attendaient
à Orthes l'arrivée du prélat, se mirent en
procession, précédés de la croix et des
enfants des écoles paroissiales, avec la
bannière de la confrérie que portait la
petite enfant qui avait été guérie, le jour
de la translation de la vénérée statue de
Notre-Dame du Chêne ; et la personne de
Montreuil guérie dans la nuit du 2 au 3
juillet dernier, à la suite de son pèlerinage, assistait dans un profond recueillement. On chantait, au départ de la procession, les litanies de la sainte Vierge,
et Monseigneur bénissait avec effusion
toutes ces populations prosternées, si recueillies et si joyeuses. En arrivant à la
porte de la chapelle, Monseigneur aperçoit la chaire improvisée et y monte sur

le champ, pour annoncer le but de son pélerinage ; il ne vient pas, dit-il, pour demander la guérison d'infirmités corporelles , mais bien plutôt pour les besoins de son cœur et de son âme ; et', après avoir parlé pendant environ vingt minutes, il va faire sa prière au pied de l'autel et se prosterne devant la sainte image de la bonne Notre-Dame du Chêne. Il célèbre la sainte messe et distribue la sainte communion aux fidèles qui ont pu s'approcher. Pendant le saint sacrifice, les voûtes de la Chapelle retentissaient du chant des cantiques : *Reine des Cieux* et *Vive Notre-Dame du Chêne*, etc., que chantaient les jeunes personnes dirigées par nos bonnes sœurs de charité ; et l'on voyait au pied du chêne le père du petit enfant de Belgeard (1) qui vient d'être l'objet d'une

(1) L'enfant est de Bourg-Nouvel, dans la paroisse de Belgeard, et se nomme Jean-Marie Derenne. Depuis l'âge de deux mois, il avait une hernie dont le développement pouvait égaler 12

faveur de Marie, un cierge à la main et tenant cet enfant sur ses genoux. Après son action de grâces, Monseigneur, accompagné du clergé, sortit de la chapelle pour monter de nouveau dans la chaire, d'où il parla à cette foule compacte, qu'il tint environ trois quarts d'heure comme suspendue à ses lèvres. La joie rayonnait sur le visage du pieux pontife, qui semblait ne pas s'apercevoir du soleil brûlant, dont les rayons faisaient ruisseler les sueurs sur son front. Il termina cette belle fête par la bénédiction solennelle, puis s'en revint à pied jusqu'à Orthes, en bé-

centimètres de diamètres, et qui le faisait horriblement souffrir. Deux médecins avaient prêté le secours de leur art sans lui procurer de soulagement ; chaque jour, il éprouvait des crises terribles. Il allait atteindre sa septième année quand se mère, entendant parler de Notre-Dame du Chêne, fit un vœu pour sa guérison et dans la nuit anniversaire de sa naissance, au mois d'août dernier (1862) l'hernie est rentrée et la guérison en a été constatée par un médecin, ainsi qu'il est rapporté au procès-verbal, avec neuf autres signatures.

nissant sur son passage et en remerciant avec affabilité tous ceux qui avaient pris part aux travaux des décorations. En arrivant à Orthes, on lui fit apercevoir le premier ouvrier de l'usine; aussitôt Monseigneur l'appela à lui, et après lui avoir adressé quelques paroles d'édification , l'embrassa avec affection en lui disant : Allez porter ce baiser de paix à tous vos camarades et dites-leur que je les aime et les remercie.

Ainsi s'est terminée cette belle fête , que tous les pélerins ont publiée, et dont nos populations conservent le doux souvenir.

Pélerinage de M. Guy, comte d'Averton.

Le sanctuaire de Notre-Dame du Chêne a été visité, cette année, par un des derniers rejetons de l'illustre famille d'Averton, anciens sires de Belin. Ce fut le samedi, vingt-sept septembre dernier (1862) que le noble Guy, comte d'Averton, et brave officier de marine, vint avec Madame A. de Revel, comtesse d'Averton, son épouse, accomplir son pélerinage, au pays de ses ancêtres, dans la pieuse chapelle, élevée, il y a bientôt trois siècles, en l'honneur de la sainte Vierge par la piété et la reconnaissance de l'un de ses aïeux. Désirant depuis fort long-temps visiter, pour la première fois, ces lieux si chers à sa famille, il fut touché jusqu'aux larmes en voyant, pendant la sainte messe, l'affluence et la piété des pélerins. Aussi, en sortant de la sainte chapelle, il me dit en me serrant la main : qu'elle émotion, Monsieur le curé ! je reviendrai prier seul, et il tint parole : car trois jours après il revint satisfaire sa dévotion.

NOTRE-DAME-DU-CHÊNE

LÉGENDE.

*Le vieux Chêne et la Statue de Notre-Dame-
de-Pitié.*

CHOEUR.

Gloire à vous, bénédiction,
Vierge du Chêne, Notre Dame,
Votre amour et votre doux nom
Vivront à jamais dans notre âme.

Il existait dans la prairie
Un chêne privilégié
Portant l'image de Marie,
De Notre Dame de Pitié.
Gloire etc.

Du Dieu sauveur la Vierge mère
Tenait son fils sur ses genoux,
On lui présentait sa prière
En s'écriant : assistez-nous.
    Gloire etc.

C'est alors que de la contrée
Un terrible, un puissant seigneur
Poussa ce cri : Vierge honorée,
Au secours, sauvez un pécheur.
    Gloire etc.

Contre un animal en furie
Luttant avec un noble effort
Il succombait : Soudain Marie
L'exauce ; il échappe à la mort.
    Gloire etc.

De là cet autel et ce temple ;
Et les grands et les malheureux
Accouraient et venaient ensemble,
A Marie, adresser leurs vœux.
    Gloire etc.

Et le vieux chêne existe encore,
Le voyez vous près de l'autel ?
L'antique statue on l'honore,
C'est la Vierge au cœur maternel.
    Gloire etc.

Ici, Notre Dame du Chêne
Présente à tous son divin fils,
Et par lui, cette auguste Reine
Veut nous conduire en paradis.
      Gloire etc.

O vous, chrétiens du voisinage
Que le zèle enflamme d'ardeur,
Venez à ce pélerinage :
A Marie offrez votre cœur.
      Gloire etc.

PIÈCES JUSTIFICATIVES.

Note A de la page 16.

Mémoire général des biens de la succession de deffunct messire François d'Averton, seigneur de Belin. 1638. (Chartrier du Plessis).

Nous ne donnerons ici que ce qui regarde Orthes.

TERRE ET BARONNIE D'ORTHES.

« Ceste terre est composée de maison seigneuriale, fiefs, droits, grosses forges et fourniau, l'estang à moulin Cocleret, moulin Foulleret le tout jeignant le logis, le moulin neuf, l'estang et moulin de la Bellière, les métairies de Châtillon et des Marais en la paroisse de St-Pierre-de-la-Cour, le moulin et l'estang des Bouges en St-Thomas-de-Courceriers, le quart du moulin de Courmaullert et la Berazière en St-Germain-de-Coulamer. Les

métairies dudict Orthes, de la Vincendière, de la
Perrière, celles de la Bouverie et de la Boussellière
en St-Pierre-d'Izay, les droits et annuités et taillis.»

Le tribunal d'Orthes avait bailly, juge civil et
criminel, procureur, greffier et plusieurs notaires.
Il avait droit de haute, moyenne et basse justice,
qui s'étendait sur les deux tiers des paroisses de
St-Martin et de St-Pierre et le quart des paroisses
d'Izé et de St-Thomas, et dont les causes ressor-
tissaient du Mans.

Orthes a de glorieux souvenirs. Tous ses barons
ont été fidèles à leur patrie, et son château fort
en faisait un point d'une certaine importance dans
les guerres que notre pays a dû soutenir. Lorsqu'en 1432 le comte Arondel (1), général anglais,
après avoir vaincu Olivier Boucher C° Breton, dé-
fenseur de ce château, le détruisit ainsi que celui
de Grillemont. Charles de Coësmes, leur propriétaire, était le compagnon d'Ambroise de Loré dans
les combats incessants dont ce valeureux capitaine
poursuivait les ennemis de la France. En 1557
Orthes et Grillemont appartenaient encore à un

(1) *Hist. des Ducs de Mayenne.* — Guyard de
a Fosse.

Charles de Coësmes, qui comme suzerain reven-
diquait, à défaut d'héritiers, la seigneurie du
Puys (1), et ce que la tradition rapporte de terrible du fondateur de notre chapelle, donnerait à
penser que c'est de ce chef des francs archers qu'il
s'agit, si l'on ne savait d'une manière certaine que
c'est d'un sire de Belin.

Note B de la page 31.

D'après la note précédente, les sires de Belin,
au nombre de cinq, ont été propriétaires d'Orthes : Payen III d'Averton, François Ier, François II,
Emmanuel et Emmanuel-René.

I.

Nous ne connaissons rien de Payen, si ce n'est
qu'il épousa, le 20 décembre 1543, Anne de Maillé
de la Tour-Landry, dont il eut pour sixième enfant
Renée d'Averton. (Communication de M. le comte
Guy d'Averton).

II.

Renée d'Averton, veuve de Jacques d'Humières,

(1) Chartrier du château du Puyz en St-Martin-
de-Connée.

5*

gouverneur de Péronne et fameux ligueur, épousa en secondes noces Jean-François de Faudoas de Sérillac, cinquième fils d'Olivier de Faudoas, mort en 1553, et de Marguerite de Sérillac. Par son contrat de mariage du 14 août 1582, il s'engageait à prendre le nom et les armes d'Averton. C'est celui dont nous avons retracé la vie, page 18 et suivantes. Il avait donc au moins cinq à six ans de plus que Renée d'Averton. Nous n'avons pu découvrir l'époque ni le lieu de sa mort.

III.

François II, son fils, épousa Catherine de Thomassin. Il eut pour enfants d'abord Catherine, qui épousa Emmanuel de Savoie, marquis de Villars, René qui s'allia à Catherine Le Bouthillier de Rancé, et plusieurs autres, dont Emmanuel le suivant. Mais dans la vie de ce seigneur nous ne trouvons rien qui s'accorde avec ce que la légende nous raconte de M. de Belin. Premièrement, son épouse décéda le 9 octobre 1626 (1), douze ans avant lui. Secondement, c'était un seigneur d'une extrême bonté, qui passa sa vie dans la bienfai-

(1) Tombe dans l'église de St-Gervais-en-Belin.

sance. Ecoutez plutôt ce qu'en disent nos anciens registres. « Le vingt-neuviesme jour de septembre
« de l'an mil six cent trente-huit, décéda, au
« bourg d'Averton, M. de Belin, au grand regret-
« tement et dommage de ses subjects et aultres,
« Dieu sa grâce lui plaise faire sentir et donner. »

Ceux de Laigné en Belin (1) : « Nous sommes
« tous en larmes, ce à cause que Dieu nous a vou-
« lu priver du seigneur de la plus heureuse mé-
« moire que nous eussions jamais pu souhaiter.
« Comment est mort cet homme puissant qui sau-
« vait le peuple du Seigneur ! » Voici du reste
son testament qui ne parl e nullement de uotre
chapelle (2) :

« *Sit nomen Domini benedictum. Amen.*

« Le vingtième jour du mois de novembre de
« l'année mil six cent trente-sept, devant nous
rançois Bourillon, notaire de la Cour royale

(1) Paroles des curés des six paroisses du Belinois, réunis avec le clergé le 10 octobre 1638, à
l'occasion de la translation du cœur de François II
de l'église de Laigné en celle de Saint-Gervais.
(Communication de M. de Courcival, héritier de
M. l'abbé de Moncé).
(2) Chartrier du Plessis en St-Gervais-en-Belin.

« du Mans... fut personnellement établi haut et
« puissant seigneur Monseigneur François d'Aver-
« ton, comte de Belin, baron de Milly en Gasti-
« nois, seigneur du bourg d'Averton, Courcité,
« Ségréal, Pail, Tessé, châtelain des châtellines
« d'Orthes, d'Averton, Courcité et autres lieux,
« lequel détenu au lit par maladie corporelle ,
« mais sain d'esprit et d'entendement ; considé-
« rant que la mort est certaine et l'heure d'icelle
« incertaine et ne voulant pas mourir sans mettre
« ordre aux affaires de sa conscience et aux affai
« res de sa maison, a fait et ordonné et ordonne
« ledict son testament et dernières volontés en la
« forme que s'ensuit. Premier : recommande son
« âme à Dieu son Créateur, le Père, le Fils et le
« benoist St Esprit, à la glorieuse Vierge Marie,
« MM. St Pierre et St Paul, St Joseph, St Fran-
« çois son patron dont il a l'honnenr de porter le
« nom, tous les Saints et Saintes du paradis, M.
« St Michel, son Ange gardien et toute la Cour
« céleste, lesquels il prie d'intercéder pour lui
« afin que Dieu lui fasse pardon et rémisson de
« ses fautes et péchés et daigne le colloquer au
« nombre des Bienheureux. Il veut que quand son

« âme sera séparée de son corps, on le fasse con-
« duire sans pompe et appareil dans l'église pro-
« che de Madame son épouse. Il veut qu'à son
« enterrement il y ait le plus de services et de
« messes que faire se pourra, et un huitain so-
« lennel la vigile du jour où il sera enterré. Il
« demande un annuel à Averton et à St-Gervais
« par les curés et les vicaires. Vingt pauvres por-
« teront son corps et auront une livre chacun.
« Les autres pauvres auront chacun cinq solz et
« ceux de l'église où il sera enterré et ceux d'A-
« verton dix. Il donne aux Capucins du Mans cent
« livres, cent livres aux Jacobins, cent livres aux
« Minimes, cent aux Capucins d'Alençon et cent
« aux pauvres Filles de Ste-Claire d'Alençon. Il
« veut faire bastir une chapelle à l'Orgeril, sous
« l'invocation de la Sainte Vierge, à son Assomp-
« tion, de St Joseph et de St Hubert, dans la-
« quelle la messe sera célébrée par Mre Jacques
« Laigneau, pour le repos de son âme. Il affecte
« cinq livres tournois de rente annuelle et perpé-
« tuelle à ceste fin sur la métairie de la Roual-
« lière, laissant la nomination au seigneur du
« bourg d'Averton. Il veut aussi bastir, par lui ou

« ses successeurs, une chapelle dans le château
« du Plessis, en l'honneur de l'Assomption de la
« glorieuse Vierge Marie et de St François, pour
« avoir la messe tous les dimanches et fêtes pour
« son âme. Il affecte pour cela six livres tournois
« de rente sur la métairie de la Huardière en St-
« Biez, donnant la présentation du chapelain au
« seigneur d'Averton, et il nomme M^{tre} François
« Coupard, curé de St-Gervais. Il fonde aussi une
« messe à Milly, qui sera dite par Mre J. B. Gaul-
« tier, p^{tre} de l'Oratoire. Pour la bonne affection
« qu'il porte à René-Louis-Félix d'Averton, il
« laisse par héritage la totalité de ses biens......»

Il fait ensuite une infinité de dons, particulièrement à son chirurgien, son jardinier.... et charge
M. de Launay, M^{tre} des forges d'Orthes, de payer
cent livres à......, petit garçon de St-Pierre-de-la-
Cour, pour sa nourriture et pension. (M. Jacq.
Guitton, Sr de Launay, fermier général de la terre
et seigneurie d'Orthes, acheta le château des Bois
en St-Pierre-de-la-Cour, en 1670).

IV.

Emmanuel épousa, le 27 juillet 1633, Louise-
Henriette Potier, fille du marquis de Gesvres et

de Marguerite de Luxembourg. Il mourut peu de
temps après. Sa mort se trouve consignée sur nos
registres. « Le 23 juillet 1637 fut blessé M. le
« comte de Belin et mourut le 1er d'aoust suivant,
« et nous en fismes le service le 14 dudict moys
« d'aoust, après nous estre asseuré de son dé-
« ceds (1). PELISSON, ptre. » Sa veuve épousa, en
secondes noces, Jacques de Saulx, marquis de Ta-
vanes, et quitta le pays.

V.

Emmanuel-René, fils du précédent, épousa Eléo-
nore d'Averton, sa cousine, mourut sans enfants
en 1667, à l'âge de 33 ans, de blessures reçues
au siége de Douai (2), où il assistait comme maître
de camp du régiment du Cardinal étranger. Il
était très-porté à la dépense et c'est celui dont le
luxe est resté gravé dans le souvenir des habitants
d'Averton. Lorsqu'il mourut, il ne possédait plus
Orthes (3) : il ne lui restait plus guères qu'Averton

(1) Lepaige.
(2) *Revue du Maine et de l'Anjou* pour 1859.
— Rapport de Colbert, note de M. de l'Estang.
(3) Décembre 1663 : Présentation de Mre Claude
de la Borde pour chapelain de St-Jean d'Orthes,
par Henri-François de Vassé. *(Insinuations ecclésiastiques)*.

et Milly, qui même fut vendu (1) l'année suivante.
Sa veuve mourut au château d'Averton en 1707.
Alors les créanciers mirent les biens d'Averton
sous le sequestre, puis les vendirent, en 1716 ou
1715, à Pierre-Hector Le Guerchois, Chr Sgr de
Ste-Colombe et autres lieux, intendant de Bour-
gogne, et à Pierre, son frère, Sgr de Canton, la
Garenne...., maréchal des camps. Mais ce dernier
ne peut être le fondateur de notre chapelle. 1°
parce que les histoires racontées par rapport à
notre sire de Belin ne sont point en rapport avec
l'époque d'ordre et de sûreté publique, à laquelle
vivait Emmanuel-René ; 2° parce que la Chasseguerre n'est plus dans la famille de Belin depuis
40 ans avant sa naissance ; 3° parce qu'aussi,
avant sa naissance, la *pierre talonnée* était très-
connue et donnée comme point de remarque pour
déterminer dans les contracts les pièces de terre
environnantes. « Tel champ, disait-on dès 1637 et
« 1634, *sur le chemin tendant de la* PIERRE TA-
« LONNÉE *à St-Thomas-de-Courceriers.* » 4° Parce
qu'enfin sa veuve n'est point non plus cette dame

____

(1) Communication de M. le comte Guy d'A-
verton.

de Belin si célèbre. On lit dans les registres d'A-
verton. « Le dix-neuf octobre mil sept cent sept a
« été inhumée, par le prieur de Villaines, haute
« et puissante dame Antoinette d'Averton, dame
« du comte de Belin, Sᵍʳ de la Forest, Segréal,
« Pail et autres lieux, dans la chapelle faisant
« partie de l'église dudict bourg, décédée le dix-
« huit, en son château dudict bourg d'Averton,
« après quinze jours de maladie, après avoir reçu
« tous les sacrements dans les sentiments d'une
« grande piété. Présents : le prieur de Courcité,
« les curés de Gesvres, St-Aubin, Crannes et du
« dudict bourg qui ont signé. »

C

Notes de M. l'abbé Caillard, page 35.

En l'an mil cinq cent que l'on disoyt quatorze,
les bledz furent gelés et aussy la paille d'orge, ce
qui fut une chose aux pauvres très lamentable qui
n'avoyent ny pain ny fruict à mettre sur la table.

Au moys de novembre en l'an mil cinq cent quatre douze les Angloyais viendrent en France et
viendrent loger à la Potté le jour St Thomas ou bien

en devant ; un peu après viendrent loger à Courcité et à Villaine qu'ils furent troys sepmaines ou
plus. Le samedy d'avant Karesme prenant au moys
de janvier ensuivant mil cinq cent quatre ving treize
partirent de Villaine avec les harnoys des paroisses
tout au tour du costé mesme de St Martin de Connée et allèrent en la ville d'Elvron où ils séjour-
nèrent ung moys. Delà s'en allèrent à Brullon et à
Noien et au pays damon. A la St Martin d'esté
d'après en suivant les dicts Angloyais vindrent avec
le maréchal d'Aumont dedans le doyenné de Sillé
où ils furent troys sepmaines. Le maréchal était
logé au dict Sillé et les dicts Angloys en ceste
dicte paroisse et à St Pierre de la Cour et à Vimarcé et sen allèrent le jour de Magdelaine ensuivant et allèrent à la ville de Sablé que la Ligue
avoit assiégée. Lors sela faict la pay fut faicte au
soulagement et contentement du pauvre peuple,
lequel avoit esté tant affligé par les guerres pendant lespasse de huict à dix ans auparavant. Je
prie Dieu qu'il luy plaise faire ladicte paix à ceste
fin qu'il soit plus paisiblement servi et honoré.
Ainssi soit il. Je certifie cela estre vray pour l'avoir
veu. Faict soubs le seing de Pierre Caillard, p^{tre}

vicaire du dict Connée, le premier jour de febvrier
Jan mil cinq cent quatre vingt quatorze.

P. Caillard.

Le mercredy des Cendres 12 febvrier lau mil
cinq cent quatre vingt douze, le régiment et armée
du prince Conty arriva à St Martin de Connée et
à St Pierre de la Cour et ils furent jusquau mardy
daprès en suivant qui estoit le 18e jour du moys
de febvrier. Et le dict jour mardy au soir lors que
ladicte armée fut partie furent enterrés et ense-
pulturés.

Le dix huict du dict moys (janvier 1600) furent
épouses en l'église de céans Guil. Housseau.... et
Marie Voisin fille de chambre de madame de Belin.

Le 2e jour du moys de febvrier 1600 qui est le
jour de Nostre Dame Chandeleur, fut ensepulturée
au cimetière de St Leonard de Boisy au diocèse
d'Orléans, en y allant gaingner le grand jubilé,
deffuncte Marie Julienne, en son vivant femme en
secondes noces de Laurent Jouie et en premières
de feu Marin le Plat, ainsi qu'il nous a été vérifié
par Michel Dassé, son gendre.

Le 3e du dict moys fut ensepulturée en l'église
de Nostre Dame d'Ourmes, au diocèse d'Orléans,

deffuncte Marie Debray, en son vivant veuve de feu Jehan Blanchard, en revenant du grand jubilé.

Le 3e jour de febvrier 1604 le dict Caillard, à présent vicaire, a faict faire et donne une figure et image de St Sebastien à l'autel de St Sébastien et a cousté la somme de 20 liv. 10 s.

Le 10e jour du dict moys (novembre 1613), le dimanche il plut et naygea tout ledict jour et la nuit ensus tout le lundy le jour St Martin.

Le 4, 5, 6, 7, 8, 9e jour de may (1614) il fist de la gresle, neige, pluye et gelée qui estoient le dimanche, lundy, mardy, mercredy des Rogations, le jeudy jour de l'Encession, le vendredy le lendemain et le bled valloit le dict mercredy et jeudy 44 s. et auparavant 35 s. tellement le peuple fust effrayé du temps.

Le lundy de les foriée de Penthecoste, 29 du moys (mai 1614), fut faict ung service pour le repos de l'âme de deffuncte haute et puissante dame Madame Catherine Capman, vivante espouse de haut et puissant Sgr Monseigneur le maréchal de Lavardin, gouverneur lieutenant pour le Roy en ceste province..... et mère de Mgr le Révérendissime Charles de Beaumanoir, evesque du Mans.

Le 4e jour du dict moys (juin 1614), le mercredy de devant l'octave du St Sacrement, il arriva que le tonnerre et fouldre tomba sur et dedans le clocher de l'église de la Nostre Dame d'Esvron et au travers de la vouste, tellement qu'il rompit la chaingne du crucifix dont il se rompit ung des bras et tomba à terre et aultres choses, on dict quil a de perte plus de six cents.

Le premier jour de juing dernier 1614, ou bien peu devant ou après, Louis par la grace de Dieu Roy de France, aagé de treize ans le vingt septiesme du moys d'octobre prochain que nous avons peu supputer et entendre par les annalles et baptistère dudict Roy : Dont le dict Roy et Madame Marie de Medicy Roisne, sa mere, avec leurs armées et gens partirent de la ville de Paris les jours susdicts et vindrent à Orléans et ils furent huiet jours, où delà vindrent à Tours et ils furent aultant ou plus. Delà ils allerent à Poitiers où il y avoit le prince de Condé qui resout entrer au dict Poitiers sans que l'Evesque l'empeschat d'y entrer et lon dict que le prince voulait et resout estre le maistre et a pillé les biens et possessions du dict Evesque et aultres, dont fut la cause que le Roy

et la Roisne y allèrent et ils furent peu de temps
et vindrent par Saumur à Angers où ils furent plus
de huict jours ; delà allerent à Ancenis et à Nantes
où ils furent dix ou quinze jours pour mettre ordre aux affaires et desordres qu'avait fait Cesar
Monsieur, duc de Vendosme, bastard du feu Roy.
Donc ils ont pasifié plusieurs différents. Dela sont
revenus au dict Angers encore six ou huict jours,
delà à la Flesche et ils arrivèrent le premier et
segond jour de ce présent moys de septembre 1614
et furent au dict la Flesche jusque au jeudy matin
et allèrent le dict jour au chateau de Malicorne,
appartenant à Monsieur le maréchal de Lavardin,
et le vendredy ensuivant le Roy et Madame la
Roisne allèrent coucher au Mans, le Roi à l'Eves-
ché et la Roisne au Grabatoyre ou estoient avec
eux MM. les marechaux de Lavardin, du Boisdau-
phin, Monsieur de Guise le prince Lorain dict
Guenille, Monsieur du Maisne, Monsieur de Souvré,
gouverneur du Roy, la princesse de Soissons avec
son fils et plusieurs aultres princes et seigneurs,
sans oublier ceux du pays du Maine. Et M. le maréchal de Brissac est demeuré en Bretagne avec
huict mille hommes et six mille Souisses que le

Roy luy a baillé pour gouverner et restablir la Bretagne que ledict sieur duc de Vendosme et ses gens avaient mise en ruines *ut aiunt : Da pacem Domine in diebus nostris quia non est alius qui pugnet pro nobis nisy tu Deus noster.*

Et depuis le Roy et la Roisne avec leurs armées où l'on tenoit qu'il avait douze ou quatorze mille hommes, sejournirent au Mans jusquau mardy neufviesme jour du present moys de septembre 1614 et allerent loger à la Ferté Bernard où Monsieur du Maisne les attendait. Delà à Chartres et à Paris.

Da pacem Domine in diebus nostris ubi supra.

Note D de la page 102.

Nous avons eu le bonheur de retrouver, dans une maison de la paroisse, le sermon que fit M. Burin avant de prononcer le serment, ou plutôt par lequel il déclarait ne pas vouloir prêter ce serment.

. . . .

« C'est le cœur navré de la plus sincère douleur que je monte aujourd'hui dans cette chaire de vérité, hélas ! peut-être pour la dernière foi de ma vie. Le trône majestueux de la France renversé, le meilleur des monarques réduit en captivité ; les autels, les autels sacrés de Jésus-Christ sacrilègement abattus et profanés ; les ministres honteusement outragés ; vous-mêmes, vous mes Frères, vous-mêmes dont le cœur fut toujours pur et les intentions droites, vous dis-je, criminellement trompés et bientôt près de perdre la foi que les martyrs vous conquirent par leur fermeté, la religion qu'ils vous assurèrent par leurs souffrances et leur mort, l'Evangile que Jésus-Christ vous donna pour vous éclairer, le testament de la nouvelle alliance qu'il scella de son sang ; bientôt près de perdre cette paix, cette tranquillité que les plus courageux rois de France vous avaient assurées par leur travaux et leurs victoires : tels sont, mes chers paroissiens, les objets qui se présentent à mon imagination effrayée. »

« Et dans ce moment on me propose un serment par lequel je jurerais de verser jusqu'à la dernière goutte de mon sang pour autoriser une Constitution qui me forcerait d'applaudir et de protéger ces iniquités ! Ah ! non, non. Si nous avons un sang à verser, versons-le pour une meilleure cause ; versons-le pour ne pas devenir parjures et sacrilèges ; versons-le pour soutenir une religion qui fait notre bonheur, pour une religion dont nous avons hérité de Jésus-Christ et des Apôtres, que nos pères nous ont transmise et que nous avons solennellement juré à notre baptême de ne jamais abandonner. Réservons ce sang à le verser pour la défense d'une religion qui fait notre consolation dans nos peines, notre ressource dans nos misères pendant la vie et notre refuge à la mort. Réservons ce sang à le verser pour la croix de Jésus-Christ qui versa tout le sien pour notre salut. »

« Mais je vous vois, mes chers paroissiens, inquiets et doutant en quelque sorte de la réalité des malheurs qui m'affligent. Ah ! mes chers enfants, car c'est là la qualité que j'aime à vous donner ; ah ! dis-je, mes chers enfants, ils ne sont que trop réels. J'aime et j'aimerai toujours à m'entretenir avec vous de ce qui nous intéresse réciproquement. J'y trouve ma consolation dans ce qui me déchire et vous y trouverez votre avantage dans les maux qu'on vous prépare. Développons ce redoutable serment qu'on m'impose sous peine d'être chassé honteusement de la place que j'occupe d'être votre pasteur ; sous peine d'être réduit criminellement à la plus affreuse pauvreté ; sous peine peut-être de devenir la victime d'une foule abusée. . . . . . »

« Non, ce ne sera personne d'entre vous, mes chers et fidèles paroissiens, qui d'une main parricide viendra m'enfoncer le poignard dans le cœur. Je vous demande pardon de l'idée seule que vous pourriez soupçonner en moi une pareille crainte à votre égard. Car quand je n'aurais pour garants que votre piété et votre amour pour moi, que vous m'avez manifestés tant de fois, je serais rassuré ; ils sont seuls garants que vous serez mes défenseurs, comme je veux être le vôtre. Mais hélas ! où ma malheureuse imagination m'égare. »

« Développons donc, dis-je, ce serment qu'on m'impose. Le voici : Il faut que publiquement, à la face des saints autels, devant le Dieu qui sera mon juge, il faut que je jure que je serai fidèle à la Nation, à la Loi et au Roi ; que je jure de veiller avec soin sur les fidèles, dans la paroisse confiée à mes soins ; que je jure de maintenir de tout mon pouvoir la Constitution décrétée par l'Assemblée nationale et sanctionnée par le Roi. Pesons et examinons la force de chacun de ces mots : Je jure d'être fidèle à la Nation, à la Loi et au Roi. Fidèle à la nation. Ah ! sans doute je jure bien volontiers d'être fidèle à la nation. Non, non, jamais je ne serai un traître à ma patrie, et jamais je ne souffrirai qu'on la trompe quand je pourrai m'y opposer. S'il ne fallait que ma vie pour assurer le bouheur de ma nation, ah ! je la sacrifierais bien volontiers. Quelle parle cette nation ; si ce n'est que ma mort qu'il faut, je m'y dévoue avec transport. Nouveau Jonas, je veux bien être jeté dans la mer pour apaiser une tempête que je n'ai point excitée. Trop heureuse ma nation, s'il ne fallait pour son bonheur qu'une victime aussi peu chère et si dévouée que moi !

« Je jure d'être fidèle à la Loi. C'est bien volontiers que je veux être soumis à la loi. Car, mes Frères, qu'est-ce que la loi ? Une loi, disent tous les théologiens et tous les jurisconsultes, une loi est un règlement juste, fait et publié en forme de précepte, pour le bien commun d'une société, par le supérieur qui a le droit de la gouverner. Si c'est à une telle loi qu'il faut jurer obéissance, ah ! ne me forcez pas, mon serment est fait dans mon cœur dès le moment où ma raison a commencé de m'éclairer et je ne l'ai point rétracté et je ne le rétracterai jamais. . . . . »

Le reste n'a pu être recueilli.

M. Burin a versé son sang, comme il le dit ici, pour la religion. Enfermé dans les prisons de Sainte-Suzanne et de Laval, puis élargi à condition qu'il ne rentrerait pas dans sa paroisse, il occupa son zèle en instruisant les enfants des environs de Coffard (en Saint-Georges-sur-Erve) ; puis obligé d'opter entre la déportation et le serment, il se cacha et exerça secrètement le ministère. Appelé dans un guet-apens par des traîtres qui demandaient à recevoir les sacrements, il s'y rendit malgré les avertissements de personnes qui soupçonnaient le piége. *On m'appelle, on a besoin de mon ministère,* dit-il, *j'irai quoi qu'il arrive.* Il fut donc tué au Petit-Coudray de Champgeneteux, le 17 octobre 1794. Son corps, dépouillé de ses vêtements et jeté sur le fumier, fut pendant la nuit enterré par les bons fermiers, dans un champ de genêts voisin. C'est là que nous avons eu le bonheur de le retrouver, le 17 février 1846.

Nous l'avons, au milieu de la plus vive émotion de tout le pays, rapporté dans notre église, et là viennent souvent les fidèles prier sur ses restes vénérés et implorer son intercession.

***

Oraison funèbre de M. de Souvré, prononcée dans l'église de Saint-Martin, le 8 janvier 1787, par M. Duprat, curé de Rouez-en-Champagne.

. . . .

« Sa charité fait la plus intéressante, la plus
« glorieuse époque de sa belle vie. Au nom de sa
« charité mille voix, toutes les voix concordent
« avec la mienne. . . . .
« Sa plus douce satisfaction, comme son occu-
« pation de chaque jour, a été de subvenir à l'in-
« digent, de l'aider dans son infortune, de le sou-
« lager dans ses infirmités. Il ne se bornait pas à
« le rassasier dans sa faim, à le couvrir dans sa
« nudité ; il entrait dans ses peines domestiques,
« il en partageait, il en diminuait par ses bons
« offices l'amertume et le poids. Souvent ses lar-

« mes se confondaient avec les pleurs des affligés.
« Sans flétrir mon ministère par l'exagération, je
« puis assurer ici que, comme Job et Tobie, l'ab-
« bé de Souvré fut le tendre père, le véritable
« consolateur des pauvres.

. . . .

« Presque point de mois où il n'eût le bonheur
« de conserver le lit à un pauvre qui allait l'é-
« changer pour un peu de pain. Presque point de
« semaines qu'il ne délivrât de l'inquiétude, de
« l'embarras d'une dette, le journalier qui de-
« mandait inutilement du délai.

« Si l'atelier de ce particulier subsiste, si l'au-
« tre voit son étable garnie, ils disent vrai et ils le
« diront que c'est à l'inépuisable amour de l'abbé
« de Souvré pour les pauvres de sa paroisse qu'ils
« doivent ce bienfait. . . . .

« Qu'il m'est consolant de raconter dans le lieu
« saint que, par ses largesses, des aspirants aux
« Ordres sacrés ont eu le bonheur d'y être pro-
« mus. . . . .

A Monsieur l'Imprimeur.

Saint-Martin-de-Connée, le 28 mars 1862.

Monsieur,

Vous savez combien vivement je désirais pouvoir, le 25 mars, offrir aux pélerins de Notre-Dame du Chêne, cette nouvelle édition ; mais puisqu'il n'y a pas eu possibilité, je voudrais, si votre impression n'est point trop avancée, consigner encore : d'abord une grâce obtenue pour un enfant de Saint-Victeur, nommé Cosson, ensuite le concours empressé et si pieux dont le véneré sanctuaire a été l'objet avant-hier, jour de l'Annonciation et fête patronale de la chapelle.

Agréez.....

Douillet, le 11 mars 1862.

Madame (1),

Je m'empresse de répondre à votre aimable lettre. . . . .
Je ne suis point allée à la Chapelle du Chêne, ma bien chère amie, depuis le jour où j'ai eu le bonheur d'aller vous voir. Maman, mon beau-frère et ma sœur accompagnaient le cher petit malade qui, à cette époque de leur pélerinage, nous donnait les plus vives inquiétudes. . . . . .
Il avait la *danse de saint Guy* dans tout son plein ; il a été quatre semaines sans parler et six sans marcher du tout ; il fallait être deux pour le faire manger. . . . . . .
Mais que d'actions de grâces nous devons au Seigneur, de ce qu'il a bien voulu nous accorder, par l'entremise de sa sainte Mère, une grâce que tous nous sollicitions

(1) La lettre était adressée à une Dame qui habite les forges d'Orthes, et qui a bien voulu nous la communiquer.

avec tant d'instances ; car à partir du jour où mon petit neveu est allé faire ce voyage, il a toujours été de mieux en mieux. Ma sœur et mon beau-frère sont allés, depuis la guérison (1) de leur cher enfant, témoigner leur reconnaissance à la Vierge de la Chapelle. . . . .

Nous n'avons point dit adieu à ce sanctuaire vénéré, nous devons trop à la Vierge de la Chapelle pour que nos cœurs reconnaissants et dévoués l'oublient jamais !

Mon petit neveu va toujours bien, à part quelques petites agitations qu'il a encore dans les pieds et dans les mains ; mais monsieur Hatton, notre médecin, qui lui a donné les soins les plus empressés, dit que cela se passera avec l'âge.....

Je compte sur vos prières à la Chapelle.

Votre toute dévouée amie,

M. Saillant.

(1) Dans le mois de janvier 1862.

Mardi dernier, 25 mars 1862, nous avons eu le bonheur de pouvoir, avec l'autorisation de Monseigneur l'Évêque, célébrer solennellement la fête patronale de Notre-Dame du Chêne. M. l'abbé Lecomte, vicaire de Saint-Pierre-de-la-Cour, dès cinq heures et demie, distribua la sainte communion à cent personnes. Le nombre des communions ne fut pas si grand à la messe de six heures, dite par M. l'abbé Esnault, vicaire d'Izé ; mais il fut considérable à celle de huit heures. Enfin, depuis cinq heures du matin jusqu'à dix, moment fixé pour la grand'messe, nous avons été occupés, mon vicaire et moi, à entendre les confessions de pélerins qui venaient, non-seulement des paroisses voisines, mais de Courcité, Averton, Champgeneteux, Ste-Gemmes-le-Robert, Saint-Georges-sur-Erve, Sillé, Pezé, Ségrie et Saint-Léonard, pour communier au sanctuaire de Notre-Dame du Chêne. L'affluence a été immense pendant la matinée tout entière, tellement que souvent on ne posait pas le pied à terre, soit dans la chapelle, soit sous la tente qui avait été préparée pour y suppléer. Le nombre des personnes qui assistaient encore aux Vêpres présidées par M. le curé d'Izé, ne peut être évalué à moins de huit cents personnes, et la plus ardente ferveur, comme le plus profond recueillement, n'ont jamais abandonné ces heureux pèlerins, qui ne s'éloignaient qu'avec peine d'un sanctuaire si cher à leur cœur, en manifestant le désir et l'espérance d'y revenir bientôt.

Monseigneur l'Évêque veut bien nous autoriser à y célébrer solennellement la fête patronale, le 25 mars, toute la journée. En conséquence de quoi, la première Messe se dira en ce jour à 5 heures, la grande à 10 heures, et Vêpres à 2 heures.

PRIÈRES PENDANT LA MESSE.

Au nom du Père, du Fils & du Saint-Esprit
Ainsi soit-il.

C'EST en votre nom, adorable Trinité, c'est pour vous rendre l'honneur et les hommages qui vous sont dus, que j'assiste au très-saint et très-auguste sacrifice.

Permettez-moi, divin Sauveur, de m'unir d'intention au ministre de vos autels, pour offrir la précieuse victime de mon salut ; donnez-moi les sentiments que j'aurais dû avoir sur le Calvaire, si j'avais assisté au Sacrifice sanglant de votre Passion.

CONFITEOR.

Repassez dans l'amertume de votre cœur les péchés que vous avez commis. Rappelez en gros et confusément ceux qui vous humilient davantage.

Exposez à Dieu vos faiblesses. Priez-le qu'il vous les pardonne, et que l'abîme de vos misères attire sur vous en ce Sacrifice l'abîme de ses miséricordes.

JE m'accuse devant vous, ô mon Dieu, de tous les péchés dont je suis coupable. Je m'en accuse en présence de Marie la plus pure de toutes les Vierges, de tous les Saints, et de tous les Fidèles ; parce que jai péché en pensées, en paroles, en actions, en ommissions ; par ma faute, oui, par ma faute, et par ma très-grande faute. C'est pourquoi je conjure la très-sainte Vierge, et tous les Saints, de vouloir bien intercéder pour moi.

Seigneur, écoutez favorablement ma prière, et accordez-moi l'indulgence, l'absolution et la rémission de tous mes péchés.

KYRIE, ELEISON.

Entretenez-vous dans un doux sentiment de confiance en la bonté de Dieu, qui vous promettant d'employer un moyen aussi efficace que celui-ci pour lui demander la grâce de votre réconciliation, vous donne en même temps un gage assuré que vous pourrez l'obtenir.

DIVIN Créateur de nos âmes, ayez pitié de l'ouvrage de vos mains. Père miséricordieux, faites miséricorde à vos enfants.

Auteur de notre salut, immolé pour nous, appliquez-nous les mérites de votre mort et de votre précieux Sang.

Aimable Sauveur, doux Jésus, ayez compassion de nos misères, pardonnez-nous nos péchés.

GLORIA IN EXCELSIS.

Concevez un grand désir de procurer à Dieu toute la gloire, et au prochain tout le bien que vous pourrez. Réjouissez-vous avec les Anges de la part que vous avez à la connaissance des saints Mystères. Remplissez-vous des hautes et magnifiques idées de la Majesté de Dieu et de Jésus-Christ son Fils.

Gloire à Dieu dans le Ciel, et paix aux hommes de bonne volonté sur la terre. Nous vous louons, Seigneur, nous vous bénissons, nous vous adorons, nous vous glorifions, nous vous rendons de très-humbles actions de grâces dans la vue de votre grande gloire, vous qui êtes le Seigneur, le Souverain Monarque, le Très-Haut, le seul vrai Dieu, le Père tout-puissant.

Adorable Jésus, Fils unique du Père, Dieu et Seigneur de toutes choses, Agneau envoyé de Dieu pour effacer les péchés du monde, ayez pitié de nous ; et du haut du Ciel où vous régnez avec votre Père,

jetez un regard de compassion sur nous.
Sauvez-nous, vous êtes le seul qui le puissiez; Seigneur Jésus, parce que vous êtes
le seul infiniment saint, infiniment puissant, infiniment adorable, avec le Saint-
Esprit dans la gloire du Père. Ainsi soit-il.

ORAISON.

Accordez-nous, Seigneur, par l'intercession de la sainte Vierge et des Saints
que nous honorons, les grâces que votre
Ministre vous demande pour lui et pour
nous. M'unissant à lui, je vous fais la
même prière pour ceux et celles pour lesquels je suis obligé de prier et je vous
demande, Seigneur, pour eux et pour moi
tous les secours que vous savez nous être
nécessaires afin d'obtenir la vie éternelle,
au nom de Jésus-Christ Notre-Seigneur.
Ainsi soit-il.

ÉPITRE.

Transportez-vous en esprit au temps des Patriarches et des Prophètes qui ne respiraient qu'après le Messie. Entrez dans leurs empressements.
Formez leurs désirs. Prenez les sentiments qu'ils
eurent alors. Vous attendez le même Sauveur ; et
plus heureux qu'eux, vous le verrez.

Mon Dieu, vous m'avez appelé à la connaissance de votre sainte loi, préférablement à tant d'autres qui vivent dans l'ignorance de vos mystères. J'accepte de tout mon cœur cette divine loi, et j'écoute avec respect les vérités que vous avez révélées par vos prophètes : Je les révère avec toute la soumission qui est due à la parole d'un Dieu, et j'en vois l'accomplissement avec toute la joie de mon âme.

Que n'ai-je pour vous, ô mon Dieu ! un cœur semblable à celui des Saints de votre ancien Testament ! Que ne puis-je vous désirer avec l'ardeur des Patriarches ! vous connaître et vous révérer comme les Prophètes ! vous aimer et m'attacher uniquement à vous, comme les Apôtres !

ÉVANGILE.

Regardez l'Évangile que vous allez entendre, comme la règle de votre foi et de vos mœurs, règle que Jésus-Christ lui-même vous a adressée, et que vous avez promis de suivre par les engagements du Baptême : règle que vons observez mal, et sur laquelle vous serez jugé sans adoucissement et sans appel.

CE ne sont plus, ô mon Dieu ! les Prophètes ni les Apôtres qui vont m'instruire de mes devoirs, c'est votre Fils unique ; c'est sa parole que je vais entendre. Mais, hélas ! que me servira d'avoir cru que c'est votre parole, Seigneur Jésus, si je n'agis pas conformément à ma croyance ? Que me servira, lorsque je paraîtrai devant vous, d'avoir eu la foi sans le mérite de la charité et des bonnes œuvres ?

Je crois, et je vis comme si je ne croyais pas, ou comme si je croyais un Evangile contraire au vôtre. Ne me jugez pas, ô mon Dieu ! sur cette opposition perpétuelle que je mets entre vos maximes et ma conduite. Je crois, mais inspirez-moi le courage et la force de pratiquer ce que je crois. A vous, Seigneur, en reviendra toute la gloire.

CREDO.

Affermissez ici votre foi. Tout ce que l'Église vous propose à croire est fondé sur la parole de Dieu annoncée par les Prophètes, révélée dans les Ecritures, déclarée par les miracles, vérifiée dans l'établissement de la Foi, confirmée par les Martyrs, et rendue sensible par la sainteté de notre Religion, et par le solide consentement de ceux qui la professent avec fidélité.

Je crois en Dieu, le Père tout-puissant, le créateur du ciel et de la terre. Et en Jésus-Christ, son fils unique, Notre-Seigneur ; qui a été conçu du Saint-Esprit, qui est né de la Vierge Marie ; qui a souffert sous Ponce-Pilate ; qui a été crucifié, qui est mort et qui a été enseveli ; qui est descendu aux enfers, et le troisième jour est ressuscité des morts ; qui est monté aux Cieux, et est assis à la droite de Dieu le Père tout-puissant ; et qui de là viendra juger les vivants et les morts.

Je crois au Saint-Esprit, la sainte Église catholique ; la communion des saints, la résurrection de la chair, la vie éternelle. Ainsi soit-il.

OFFERTOIRE.

Songez au bonheur inconcevable que vous avez de trouver dans ce sacrifice de quoi honorer parfaitement Dieu, le remercier d'une manière qui égale ses dons, effacer entièrement tous vos péchés, et obtenir tant pour vous que pour les autres toutes les grâces dont vous avez besoin, et mettez à profit tous les précieux moments de cet inestimable bonheur.

Père infiniment saint, Dieu tout-puissant et éternel, quelqu'indigne que je sois de paraître devant vous, j'ose vous présenter cette hostie par les mains du prêtre avec l'intention qu'a eue Jésus-Christ, mon Sauveur, lorsqu'il institua ce sacrifice et qu'il a encore au moment où il s'immole ici pour moi.

Je vous l'offre, pour reconnaître votre souverain domaine sur moi et sur toutes les créatures. Je vous l'offre pour l'expiation de mes péchés, et en actions de grâces de tous les bienfaits dont vous m'avez comblé.

Je vous l'offre enfin, mon Dieu, cet auguste sacrifice, afin d'obtenir de votre infinie bonté pour moi, pour mes parents, pour mes bienfaiteurs, mes amis et mes ennemis, ces grâces précieuses du salut qui ne peuvent être accordées à un pécheur qu'en vue des mérites de celui qui est le juste par excellence, et qui s'est fait victime de propitiation pour tous. En vous offrant cette adorable victime, je vous recommande, ô mon Dieu ! toute l'Eglise catholique, notre saint père le Pape, notre Evêque, tous les Pasteurs des âmes, les princes chrétiens et tous les peuples qui croient en vous.

Souvenez-vous aussi, Seigneur, des fidèles trépassés ; et, en considération des mérites de votre Fils, donnez-leur le lieu de rafraîchissement, de lumière et de paix.

PRÉFACE.

Élevez-vous en esprit dans le Ciel, jusqu'au pied du Trône de la Divinité. Là, pénétré d'une sainte et respectueuse crainte, à la vue de cette éclatante Majesté, rendez-lui vos hommages, et mêlez vos louanges aux célestes Cantiques des Anges et des Chérubins qui l'environnent.

Voici l'heureux moment où le Roi des anges et des hommes va paraître. Seigneur, remplissez-moi de votre esprit.

Que mon cœur, dégagé de la terre, ne pense plus qu'à vous. Quelle obligation n'ai-je pas de vous bénir et de vous louer en tout temps et en tout lieu. Dieu du ciel et de la terre, maître infiniment grand, père tout-puissant et éternel !

Rien n'est plus juste, rien n'est plus avantageux que de nous unir à Jésus-Christ, pour vous adorer continuellement. C'est par lui que tous les esprits bienheureux rendent leurs hommages à Votre Majesté : c'est par lui que les anges du Ciel, saisis d'une frayeur respectueuse, s'unissent pour vous glorifier. Souffrez, Seigneur, que nous joignions nos faibles louanges à celles de ces saintes intelligences, et que de concert avec elles nous disions dans un transport de joie et d'admiration :

SANCTUS.

Saint, Saint, Saint, est le Seigneur le Dieu des armées ! Tout l'univers est rempli de sa gloire. Que les bienheureux le bénissent dans le Ciel. Béni soit Celui qui nous vient sur la terre, Dieu et Seigneur comme celui qui l'envoie.

CANON.

Représentez-vous ici l'Autel sur lequel Jésus-Christ va se rendre, comme sur le Trône de sa miséricorde, où vous avez droit de vous présenter pour exposer tous vos besoins, pour demander, et pour obtenir. Dieu, qui nous donne son propre Fils, peut-il nous refuser quelque chose ?

Nous vous conjurons au nom de Jésus-Christ, votre fils, ô Père infiniment miséricordieux, d'accepter et de bénir l'offrande que nous vous présentons, afin qu'il vous plaise de conserver, de défendre et de gouverner votre Eglise avec tous les membres qui la composent, le Pape, notre Evêque, et généralement tous ceux qui font profession de votre sainte foi.

Nous vous recommandons en particulier, Seigneur, ceux pour qui la justice, la reconnaissance et la charité nous obligent de prier ; tous ceux qui sont présents à cet adorable sacrifice et particulièrement N... et N... Et, afin, grand Dieu, que nos hommages vous soient plus agréables, nous nous unissons à la glorieuse Marie toujours Vierge, mère de notre Dieu et Seigneur Jésus-Christ, à tous vos Apôtres, à tous les Saints qui composent avec nous une même Eglise.

Que n'ai-je en ce moment les désirs enflammés avec lesquels les saints patriarches souhaitaient la venue du Messie ! Que n'ai-je leur foi et leur amour ! Venez, Seigneur Jésus : venez, aimable réparateur du monde, venez accomplir un mystère qui est l'abrégé de toutes vos merveilles. Il vient, cet agneau de Dieu. Voici l'adorable Victime par qui tous les péchés du monde sont effacés.

ÉLÉVATION.

Voilà votre Dieu, votre Sauveur et votre Juge. Soyez quelque temps dans le silence, comme saisi d'admiration à la vue de ce qui se passe sur l'autel. Rappelez toute votre ferveur, et livrez-vous à tous les sentiments que le respect, la confiance et la crainte sont capables d'inspirer.

Verbe incarné, divin Jésus, vrai Dieu et vrai homme, je crois que vous êtes ici présent : je vous y adore avec humilité ; je vous aime de tout mon cœur ; et, comme vous y venez pour l'amour de moi, je me consacre entièrement à vous.

J'adore ce Sang précieux que vous avez répandu pour tous les hommes, et j'espère, ô mon Dieu, que vous ne l'aurez pas versé inutilement pour moi. Faites-moi la grâce de m'en appliquer les mérites. Je vous offre le mien, aimable Jésus, en reconnaissance de cette charité infinie que vous avez eue de donner le vôtre pour l'amour de moi.

SUITE DU CANON.

Contempler affectueusement votre Sauveur sur l'Autel. Méditez les mystères qu'il y renouvelle. Unissez le sacrifice de votre cœur à celui de son corps. Offrez-le à Dieu son Père, suppliez-le d'accepter les prières que ce cher Fils lui fait pour vous, et priez vous-même pour les autres.

QUELLES seraient donc désormais ma malice et mon ingratitude, si, après vu ce que je vois, je consentais à vous offenser ? Non, mon Dieu, je n'oublierai jamais ce que vous me représentez par cet auguste sacrifice, les souffrances de votre passion, la gloire de votre résurrection, votre corps tout déchiré, votre sang répandu pour nous, réellements présents à mes yeux sur cet autel.

C'est maintenant, éternelle Majesté, que nous vous offrons de votre grâce véritablement et proprement la victime pure, sainte et sans tache, qu'il vous a plu nous donner vous-même, et dont toutes les autres n'étaient que la figure. Oui, grand Dieu, nous osons vous le dire, il y a ici plus que tous les sacrifices d'Abel, d'Abraham et de Melchisédech ; la seule victime digne de votre autel, Notre-Seigneur Jésus-Christ, votre fils, l'unique objet de vos complaisances éternelles. Que tous ceux qui participent ici de bouche ou de cœur à cette sainte victime soient remplis de sa bénédiction.

Que cette bénédiction se répande, ô mon Dieu, sur les âmes des Fidèles qui sont morts dans la paix de l'Eglise, et particulièrement sur l'âme de *N.* et de *N.* Accordez-leur, Seigneur, en vue de ce Sacrifice, la délivrance entière de leurs peines.

Daignez nous accorder aussi un jour cette grâce à nous-mêmes, Père infiniment bon ; et faites-nous entrer en société avec les saints Apôtres, les saints martyrs, et tous les saints, afin que nous puissions vous aimer et vous glorifier éternellement avec eux. Ainsi soit-il.

PATER NOSTER.

Nous voici avec Jésus sur un nouveau Calvaire. Tenons-nous au pied de sa Croix avec une tendre compassion, comme Mogdeleine ; avec un amour fidèle, comme saint Jean ; avec espérance de le voir un jour dans la gloire, comme les autres Disciples. Regardons-le quelquefois de loin, et pleurons nos péchés avec saint Pierre.

QUE je suis heureux, ô mon Dieu, de vous avoir pour Père ! Que j'ai de joie de songer que le Ciel où vous êtes, doit être un jour ma demeure ! Que votre saint nom soit glorifié par toute la terre ! Régnez absolument sur tous les cœurs, et sur toutes les volontés. Ne refusez pas à vos enfants la nourriture spirituelle et corporelle. Nous pardonnons de bon cœur ; pardonnez-nous. Soutenez-nous dans les tentations et dans les maux de cette misérable vie : mais préservez-nous du péché, le plus grand de tous les maux. Ainsi soit-il.

AGNUS DEI.

Dieu qui est si glorieux dans le Ciel, si puissant sur la terre, si terrible dans les enfers, n'est ici qu'un Agneau plein de douceur et de bonté. Il y vient pour effacer les péchés du monde, et en particulier les vôtres. Quel motif de confiance ! Quel sujet de consolation !

Agneau de Dieu, immolé pour moi, ayez pitié de moi ! Victime adorable de mon salut, sauvez-moi. Divin Médiateur ! obtenez-moi ma grâce auprès de votre Père, donnez-moi votre paix.

COMMUNION.

Pour communier spirituellement, renouvelez par un acte de foi le sentiment que vous avez de la présence de Jésus-Christ. Formez un acte de contrition ; excitez dans votre cœur un désir ardent de le recevoir avec le Prêtre ; priez-le qu'il agrée ce désir, et qu'il s'unisse à vous en vous communiquant ses grâces.

Qu'il me serait doux, ô mon aimable Sauveur ! d'être du nombre de ces heureux chrétiens à qui la pureté de conscience et une tendre pitié, permettent d'approcher tous les jours de votre sainte Table !

Quel avantage pour moi, si je pouvais en ce moment vous posséder dans mon cœur, vous y rendre mes hommages, vous y exposer mes besoins, et participer aux grâces que vous faites à ceux qui vous reçoivent réellement ! Mais, puisque j'en suis très-indigne, suppléez, ô mon Dieu ! à l'indisposition de mon âme. Pardonnez-moi tous mes péchés, je les déteste de tout mon cœur, parce qu'ils vous déplaisent. Recevez le désir sincère que j'ai de m'unir à vous. Purifiez-moi d'un seul de vos regards, et mettez-moi en état de vous bien recevoir au plus tôt.

En attendant ce grand et heureux jour, je vous conjure, Seigneur, de me faire participant des fruits que la communion du prêtre doit produire en tout le peuple fidèle qui est présent à ce sacrifice. Augmentez ma foi par la vertu de ce divin Sacrement ; fortifiez mon espérance ; épurez en moi la charité ; remplissez mon cœur de votre amour, afin qu'il ne respire plus que pour vous. Ainsi soit-il.

DERNIÈRES ORAISONS.

Efforcez-vous de rendre au Sauveur sacrifice pour sacrifice, en devenant la victime de son amour, en lui immolant toutes les recherches de l'amour propre, toutes les attentions du respect humain, toutes les répugnances, toutes les inclinations qui ne s'accorderaient pas avec l'accomplissement de vos devoirs.

Vous venez, ô mon Dieu ! de vous immoler pour mon salut : je veux me sacrifier pour votre gloire. Je suis votre victime, ne m'épargnez point. J'accepte de bon cœur tous mes devoirs et les croix qu'il vous plaira de m'envoyer : je les reçois de votre main, je les bénis et je les unis à la vôtre.

Je sors purifié de vos saints mystères ; je fuirai avec horreur les moindres taches du péché, surtout de celui où mon penchant m'entraîne avec plus de violence. Je serai fidèle à vos commandements, et je suis résolu de tout perdre et de tout souffrir, plutôt que de les violer.

BÉNÉDICTION.

Bénissez, ô mon Dieu ! ces saintes résolutions ; bénissez-nous tous par la main de votre ministre, et que les effets

de votre bénédiction demeurent éternellement sur nous. Au nom du Père, du
Fils, et du Saint-Esprit. Ainsi soit-il.

DERNIER ÉVANGILE.

VERBE divin, Fils unique du Père, lumière du monde venue du ciel pour
nous en montrer le chemin, ne permettez
pas que je ressemble aux Juifs infidèles,
qui ont refusé de vous reconnaître pour
le Messie. Ne souffrez pas que je tombe
dans le même aveuglement que ces malheureux, qui ont mieux aimé devenir
esclaves de Satan que d'avoir part à la
glorieuse adoption d'enfants de Dieu, que
vous veniez leur procurer.

Verbe fait chair, je vous adore avec le
respect le plus profond ; je mets toute ma
confiance en vous seul, espérant ferme-
ment que, puisque vous êtes mon Dieu,
et un Dieu qui s'est fait homme afin de
sauver les hommes, vous m'accorderez les
grâces nécessaires pour me sanctifier et
vous posséder éternellement dans 'e ciel.
Ainsi soit-il.

Prière après la sainte Messe.

Ne sortez point de l'Église sans avoir témoigné
votre reconnaissance pour toutes les grâces que

Dieu vous a faites dans ce sacrifice. Conservez-en précieusement le fruit, et faites qu'on demeure convaincu, en vous voyant, que vous avez profité de la mort et de l'immolation d'un Dieu Sauveur.

SEIGNEUR, je vous remercie de la grâce que vous m'avez faite, en me permettant d'assister au sacrifice de la sainte Messe, préférablement à tant d'autres qui n'ont pas eu le même bonheur : et je vous demande pardon de toutes les fautes que j'y ai commises par la dissipation et la langueur où je me suis laissé aller en votre présence. Que ce Sacrifice, ô mon Dieu, me purifie pour le passé, et me fortifie pour l'avenir.

Je vais présentement avec confiance aux occupations où votre volonté m'appelle. Je me souviendrai toute cette journée de la grâce que vous venez de me faire ; et je tâcherai de ne laisser échapper aucune parole, aucune action, de ne former aucun désir, ni aucune pensée, qui me fasse perdre le fruit de la Messe que je viens d'entendre. C'est ce que je me propose, avec le secours de votre grâce. Ainsi soit-il.

AVANT LA COMMUNION.

ACTE DE FOI.

Dieu du ciel et de la terre, Sauveur des hommes, vous venez à moi, et j'aurai le bonheur de vous recevoir ! Qui pourrait croire un semblable prodige si vous ne l'aviez dit vous-même ? Oui, Seigneur, je crois que c'est vous-même que je vais recevoir dans ce Sacrement : vous-même qui étant né dans une crèche, avez voulu mourir pour moi sur la croix ; et qui, tout glorieux que vous êtes dans le ciel, ne laissez pas d'être caché sous ces espèces adorables.

Je crois, mon Dieu, et je m'en tiens plus assuré que si je le voyais de mes propres yeux. Je le crois, parce que vous l'avez dit, et j'adore votre sainte parole. Je le crois ; et malgré ce que mes sens et ma raison peuvent me dire, je renonce à mes sens et à ma raison, pour me captiver sous l'obéissance de la Foi.

Je le crois ; et s'il fallait souffrir mille morts pour la confession de cette vérité, aidé de votre grâce, ô mon Dieu ! je les souffrirais plutôt que de démentir sur ce point ma croyance et ma religion.

ACTE D'HUMILITÉ.

Qui suis-je, ô Dieu de gloire et de majesté ? qui suis-je, pour que vous daigniez jeter les yeux sur moi ? D'où me vient cet excès de bonheur, que mon Sauveur et mon Dieu veuille venir à moi ? moi, pécheur ; moi, ver de terre ; moi plus méprisable que le néant, approcher d'un Dieu aussi saint, manger le pain des Anges, me nourrir d'une chair divine.....! Ah ! Seigneur, je ne le mérite pas, je n'en serai jamais digne.

Roi du ciel, auteur et conservateur du monde, monarque universel, je m'anéantis devant vous, et je voudrais pouvoir m'humilier aussi profondément'pour votre gloire, que vous vous abaissez dans ce Sacrement pour l'amour de moi. Je reconnais avec toute l'humilité possible, et votre souveraine grandeur, et mon extrême bassesse. La vue de l'une et de l'autre me jette dans une confusion que je ne puis exprimer, ô mon Dieu ! Je dirai seulement avec une humble sincérité, que je suis très-indigne de la grâce que vous daignez me faire aujourd'hui.

ACTE DE CONTRITION.

Vous venez à moi, Dieu de bonté et de miséricorde. Hélas ! mes péchés devraient bien plutôt vous en éloigner. Mais je les désavoue en votre présence, ô mon Dieu ! Sensible au déplaisir qu'ils vous ont causé, touché de votre infinie bonté, résolu sincèrement de ne les plus commettre, je les déteste de tout mon cœur, et vous en demande très-humblement pardon. Pardonnez-moi, mon Père, mon aimable Père ; puisque vous m'aimez encore jusqu'à permettre que je m'approche aujourd'hui de vous, pardonnez-les moi.

Je suis déjà lavé, comme je l'espère, par le sacrement de Pénitence ; mais lavez-moi, Seigneur, encore davantage ; purifiez-moi des moindres souillures, créez dans moi un cœur nouveau, et renouvelez jusqu'au fond de mes entrailles cet esprit d'innocence, qui me mette en état de vous recevoir plus dignement.

ACTE D'ESPÉRANCE.

Vous venez à moi, divin Sauveur des âmes ; que ne dois-je pas espérer de vous ! Que ne dois-je pas attendre de celui qui se donne entièrement à moi !

Je me présente donc à vous, ô mon Dieu, avec toute la confiance que m'inspirent votre puissance infinie et votre infinie bonté. Vous connaissez tous mes besoins ; vous pouvez les soulager ; vous le voulez ; vous m'invitez d'aller à vous ; vous me promettez de me secourir. Hé bien, mon Dieu, me voici ! je viens sur votre parole. Je me présente à vous avec toutes mes faiblesses, mon aveuglement et mes misères ; j'espère que vous me fortifierez, que vous m'éclairerez, que vous me soulagerez, que vous me changerez.

Je l'espère sans crainte d'être trompé dans mon espérance. Car n'êtes-vous pas, ô mon Dieu ! le maître de mon cœur ? Et quand mon cœur sera-t-il plus absolument dans votre disposition, que quand vous y serez une fois entré ?

ACTE DE DÉSIR.

EST-IL donc possible, ô Dieu de bonté ! que vous veniez à moi, et que vous y veniez avec un désir infini de m'unir à vous ! Oh ! venez, le bien-aimé de mon cœur, venez, Agneau de Dieu, Chair adorable, Sang précieux de mon Sauveur ; venez servir de nourriture à mon âme. Que je vous voie, ô le Dieu de mon cœur ! ma joie, mes délices, mon amour, mon Dieu, mon tout !

Qui me donnera des ailes pour voler vers vous ! Mon âme éloignée de vous, impatiente d'être remplie de vous, languit sans vous, vous souhaite avec ardeur, et

soupire après vous, ô mon Dieu, mon
unique bien, ma consolation, ma douceur, mon trésor, mon bonheur et ma
vie, mon Dieu et mon tout.

Venez donc, aimable Jésus, et, quelqu'indigne que je sois de vous recevoir, dites
seulement une parole, et je serai purifié.
Mon cœur est prêt ; et, s'il ne l'était pas,
d'un seul de vos regards vous pouvez le
préparer, l'attendrir et l'enflammer. Venez, Seigneur Jésus, venez.

APRÈS LA COMMUNION.

ACTE D'ADORATION.

ADORABLE Majesté de mon Dieu, devant
qui tout ce qu'il y a de plus grand
dans le ciel et sur la terre se reconnaît
indigne de paraître ! que puis-je faire ici
en votre présence, si ce n'est de me taire
et de vous honorer dans le plus profond
anéantissement de mon âme !

Je vous adore, ô Dieu saint ! je rends
mes justes hommages à cette Grandeur
suprême, devant laquelle tout genou flé-
chit, en comparaison de laquelle toute
puissance n'est que faiblesse, toute pros-

périté que misère, et les plus éclatantes lumières que ténèbres épaisses.

A vous seul, grand Dieu, Roi des siècles, Dieu immortel, à vous seul appartient tout honneur et toute gloire. Gloire, honneur, salut et bénédiction à celui qui vient au nom du Seigneur ! Béni soit le Fils éternel du Très-Haut, qui daigne s'unir aujourd'hui si intimement à moi, et prendre possession de mon cœur !

ACTE D'AMOUR.

J'AI donc enfin le bonheur de vous posséder, ô Dieu d'amour ! Quelle bonté ! Que ne puis-je y répondre ! Que ne suis-je tout cœur pour vous aimer, pour vous aimer autant que vous êtes aimable, et pour n'aimer que vous ! Embrasez-moi, mon Dieu ; brûlez, consumez mon cœur de votre amour. Mon bien-aimé est à moi, Jésus, l'aimable Jésus se donne à moi... Anges du ciel, Mère de mon Dieu, Saints du ciel et de la terre, prêtez-moi vos cœurs, donnez-moi votre amour pour aimer mon aimable Jésus.

Oui, je vous aime, ô le Dieu de mon cœur ! je vous aime de toute mon âme ; je vous aime souverainement ; je vous aime pour l'amour de vous, et avec une ferme résolution de n'aimer jamais que vous. Je le jure, je le proteste. Mais assurez vous-même, ô mon Dieu, ces saintes résolutions dans mon cœur qui est présentement à vous.

ACTE DE REMERCIEMENT.

QUELLES actions de grâces, ô mon Dieu, pourront égaler la faveur que vous me faites aujourd'hui ! Non content de m'avoir aimé jusqu'à mourir pour moi, Dieu de bonté, vous daignez encore venir en personne m'honorer de votre visite, et vous donner à moi ! O mon âme, glorifie le Seigneur ton Dieu, reconnais sa bonté, exalte sa magnificence, publie éternellement sa miséricorde. C'est avec un cœur attendri et plein de reconnaissance, ô mon doux Sauveur, que je vous remercie de la grande grâce que vous daignez me faire. J'ai été un infidèle, un lâche, un prévaricateur ; mais je ne veux pas être un ingrat. Je veux me souvenir éternellement qu'aujourd'hui vous vous êtes donné à moi, et marquer par toute la suite de ma vie les obligations excessives que je vous ai, ô mon Dieu, en me donnant parfaitement à vous.

ACTE DE DEMANDE.

VOUS êtes en moi, source inépuisable de tous biens ! vous y êtes plein de tendresse pour moi, les mains pleines de grâces, et prêt à les répandre dans mon cœur. Dieu bon, libéral et magnifique, répandez-les avec profusion ; voyez mes besoins, voyez votre pouvoir. Faites en moi ce pourquoi vous y venez ; ôtez ce qui vous déplaît dans mon cœur, mettez-y ce qui peut me rendre agréable à vos yeux. Purifiez-mon corps, sanctifiez mon âme, appliquez-moi les mérites de votre vie et de votre mort, unissez-vous à moi, chaste Epoux des âmes, unissez-moi à vous ; vivez en moi, afin que je vive en vous, que je vive de vous et à jamais pour vous.

Faites en moi, aimable Sauveur, ce pourquoi vous y venez ; accordez-moi les grâces que vous savez m'être nécessaires. Accordez les mêmes grâces à tous ceux et à celles pour qui je suis obligé de prier. Pourriez-vous, mon aimable Sauveur, me refuser quelque chose après la grâce que vous me faites aujourd'hui de vous donner vous-même à moi ?

ACTE D'OFFRANDE.

Vous me comblez de vos dons, Dieu de miséricorde, et, en vous donnant à moi, vous voulez que je ne vive plus que pour vous. C'est aussi, ô mon Dieu, le plus grand de tous mes désirs que d'être

entièrement à vous. Oui, je veux que tout
ce que j'aurais désormais de pensées, tout
ce que je formerai ou exécuterai de des·
seins soit dans l'ordre de la parfaite soumission que je vous dois.

Je veux que tout ce qui dépend de moi,
santé, forces, esprit, talents, crédit, biens,
réputation, ne soit employé que pour
les intérêts de votre gloire. Assujétissez-
vous donc, ô Roi de mon cœur, toutes les
puissances de mon âme : régnez absolument sur ma volonté, je la soumets à la
vôtre. Après la faveur dont vous m'hono-
rez, je ne souffrirai pas qu'il y ait rien
en moi qui ne soit parfaitement à vous.

ACTE DE BON PROPOS.

O le plus patient et le plus généreux de
tous les amis ! qui est-ce qui pourrait
désormais me séparer de vous ? Je renonce
de tout mon cœur à ce qui m'en avait
éloigné jusqu'ici ; et je me propose, avec
le secours de votre grâce, de ne plus re-
tomber dans mes fautes passées.

Ainsi donc, ô mon Dieu, plus de pensées, de désirs, de paroles ou d'actions,
qui soient le moins du monde contraires
à la pudeur ou à la charité ; plus d'impa-
tiences, de jurements, de mensonges, de
querelles, de médisances ; plus d'omis-

sions dans mes devoirs, ni de langueur dans votre service ; plus de liaisons sensibles ni d'amitiés naturelles ; plus d'attache à mes sentiments ni à mes commodités ; plus de délicatesse sur les mépris et sur les discours des hommes ; plus de passion pour l'estime et l'attention du monde. Plutôt mourir, ô mon Dieu ! plutôt expirer ici devant vous, que de jamais vous déplaire.

Vous êtes au milieu de mon cœur, divin Jésus : c'est en votre présence que je conçois ces résolutions, afin que vous les confirmiez, et que votre adorable Sacrement, que je viens de recevoir, en soit comme le sceau qu'il ne soit jamais permis de violer. Confirmez donc, ô Dieu de bonté, le désir que j'ai d'être uniquement à vous, et de ne plus vivre que pour votre gloire. Ainsi soit-il.

Litanies de la très-sainte Vierge.

KYRIE, eleison.	**S**EIGNEUR, ayez pitié de nous.
Christe, eleison.	Jésus-Christ, ayez pitié de nous.
Kyrie, eleison	Seigneur, ayez pitié de nous.

Jésus-Christ, écoutez-nous.	Christe, audi nos.
Jésus-Christ, exaucez-nous.	Christe, exaudi nos.
Pères céleste qui êtes Dieu, ayez pitié de nous.	Pater de cœlis Deus, miserere nobis.
Fils Rédempteur du monde qui êtes Dieu, ayez pitié de nous.	Fili redemptor mundi Deus, miserere nobis.
Esprit saint qui êtes Dieu, ayez pitié de nous.	Spiritus sancte Deus, miserere nobis
Trinité sainte qui êtes un seul Dieu, ayez pitié de nous.	Sancta Trinitas unus Deus, miserere nobis.
Sainte Marie, priez pour nous.	Sancta Maria, ora pro nobis.
Sainte Mère de Dieu.	Sancta Dei Genitrix.
Sainte Vierge des vierges.	Sancta Virgo virginis.
Mère de Jésus-Christ.	Mater Christi.
Mère de la grâce divine.	Mater divinæ gratiæ.
Mère très-pure.	Mater purissima.
Mère très-chaste.	Mater castissima.
Mère toujours vierge.	Mater inviolata.
Mère sans tache.	Mater intemerata.
Mère aimable.	Mater amabilis.
Mère admirable.	Mater admirabilis.
Mère du Créateur.	Mater Creatoris.
Mère du Sauveur.	Mater Salvatoris.
Vierge très-prudente.	Virgo prudentissima.
Vierge vénérable.	Virgo veneranda.
Vierge digne de louange.	Virgo prædicanda.
Vierge puissante.	Virgo potens.

(Colonne française : *Priez pour nous*.)   (Colonne latine : *Ora pro nobis*.)

Virgo clemens.		Vierge clémente.
Virgo fidelis.		Vierge fidèle.
Speculum justitiæ.		Miroir de justice.
Sedes sapientiæ.		Trône de la sagesse
Causa nostræ lætitiæ.	Ora pro nobis.	Cause de notre joie.
Vas spirituale.		Vase rempli des dons spirituels.
Vas honorabile.		Vase d'honneur.
Vas insigne devotionis.		Vase insigne de la vraie dévotion.
Rosa mystica.		Rose mystérieuse.
Turris Davidica.		Tour de David.
Turris eburnea.		Tour d'ivoire.
Domus aurea.		Maison d'or.
Fœderis arca.	Ora pro nobis.	Arche d'alliance.
Janua cœli.		Porte du ciel.
Stella matutina.		Etoile du matin.
Salus infirmorum.		Santé des infirmes.
Refugium peccatorum.		Refuge des pécheurs.
Consolatrix afflictorum.		Consolatrice des affligés.
Auxilium christianorum		Secours des chétiens.
Regina Angelorum.		Reine des Anges.
Regina Patriarcharum.		Reine des Patriarches.
Regina Prophetarum.		Reine des Prophètes.
Regina Apostolorum.		Reine des Apôtres.
Regina Martyrum.		Reine des Martyrs.
Regina Confessorum	Ora pro nobis.	Reine des Confesseurs.
Regina Virginum.		Reine des Vierges.
Regina Sanctorum omnium.		Reine de tous les Saints
Regina sine labe originali concepta.		Reine conçue sans la tache originelle.

The vertical responses read: "Ora pro nobis." (Latin column) and "Priez pour nous." (French column).

Agneau de Dieu, qui ôtez les péchés du monde, pardonnez-nous , Seigneur

Agnus Dei, qui tollis peccata mundi, parce nobis, Domine.

Agneau de Dieu, qui ôtez les péchés du monde, exaucez-nous, Seigneur

Agnus Dei, qui tollis peccata mundi, exaudi nos, Domine.

Agneau de Dieu, qui ôtez les péchés du monde, ayez pitié de nous.

Agnus Dei, qui tollis peccata mundi, miserere nobis.

Jésus-Christ , écoutez-nous.

Christe, audi nos.

Jésus-Christ , exaucez-nous.

Christe, exaudi nos.

℣. Priez pour nous , sainte Mère de Dieu. ℟. Afin que nous devenions dignes des promesses de Jésus-Christ.

℣. Ora pro nobis, sancta Dei Genitrix. ℟. Ut digni efficiamur promissionibus Christi.

PRIONS

OREMUS.

SEIGNEUR, nous vous supplions de répandre votre sainte grâce dans nos âmes, afin qu'après avoir connu par la voix de l'ange la miraculeuse incarnation de votre Fils Jésus-Christ, nous puissions arriver un jour à la gloire de la résurrection qu'il a bien voulu nous procurer par sa passion et sa croix. Par le même J.-C. notre Seigneur. Ainsi soit-il.

GRATIAM tuam, quæsumus , Domine , mentibus nostris infunde : ut qui, angelo nuntiante, Christi filii tui incarnationis cognovimus, per passionem ejus et crucem ad resurrectionis gloriam perducamur. Per eumdem Christum Dominum nostrum. Amen.

HYMNE.

AVE, maris stella,
Dei Mater alma,
Atque semper virgo,
Felix cœli porta.

   Sumens illud Ave
Gabrielis ore,
Funda nos in pace,
Mutans Hevæ nomen.

   Solve vincla reis,
Profer lumen cæcis,
Mala nostra pelle,
Bona cuncta posce.

   Monstra te esse ma-
    trem,
Sumat per te preces
Qui, pro nobis natus,
Tulit esse tuus.

   Virgo singularis,
Inter omnes mitis,
Nos culpis solutos
Mites fac et castos.

   Vitam præsta puram,
Iter para tutum ;

JE vous salue, étoile de
la mer, auguste Mère
de Dieu, et toujours vierge, porte fortunée du ciel.

   Vous qui avez agréé le
salut de l'Ange Gabriel,
daignez, en changeant le
nom d'Ève, nous établir
dans la paix.

   Brisez les fers des cou-
pables, rendez la lumière
aux aveugles, chassez loin
de nous tous les maux,
demandez pour nous tous
les biens.

   Montrez que vous êtes
notre mère, et qu'il reçoive par vous nos prières,
celui qui, né pour nous, a
bien voulu être votre fils.

   Vierge incomparable,
douce entre toutes les
Vierges , obtenez-nous,
avec le pardon de nos fautes, la douceur et la chas-
teté.

   Obtenez-nous une vie
pure, écartez de notre

chemin tout danger, afin qu'admis à contempler Jésus, nous goûtions les joies éternelles.

Louange à Dieu le Père, louange à Jésus-Christ notre Seigneur, louange au Saint-Esprit : qu'un même et souverain hommage soit rendu à la sainte Trinité.

Ainsi soit-il.

℣. Rendez-moi digne de vous louer, Vierge sainte.

℟. Donnez-moi la force de triompher de vos ennemis.

Ut videntes Jesum,
Semper collætemur.

Sit laus Deo Patri,
Summo Christo decus,
Spiritui sancto,
Tribus honor unus.
Amen.

℣. Dignare me laudare te, Virgo sacrata.

℟. Da mihi virtutem contra hostes tuos.

PROSE.

En l'honneur de la Sainte Vierge
au pied de la Croix.

———

DEBOUT au pied de la Croix à laquelle son fils était suspendu, la Mère de douleur pleurait.

Son âme abattue, gémissante et désolée, fut percée du glaive de douleur.

STABAT Mater dolorosa,
Juxta Crucem lacrymosa,
Dum pendebat filius.

Cujus animam gementem,
Contristatam et dolentem,
Pertransivit gladius.

O quam tristis et af-
fflicta
Fuit illa benedicta
Mater Unigeniti !

Quæ merebat et do-
lebat,
Pia Mater, dum videbat
Nati pœnas inclyti.

Quis est homo qui
non fleret,
Matrem Christi si vide-
ret
In tanto supplicio ?

Quis non posset con-
tristari,
Christi Matrem contem-
plari
Dolentem cum filio ?

Pro peccatis suæ gen-
tis
Vidit Jesum in tormen-
tis,
Et flagellis subditum.

Vidit suum dulcem
natum
Morientem desolatum,
Dum emisit spiritum.

Eia , Mater , fons
amoris,
Me sentire vim doloris
Fac, ut tecum lugeam.

Fac, ut ardeat cor
meum

Oh ! qu'elle fut triste et
affligée, cette Mère bénie
du Fils unique de Dieu !

Cette tendre Mère gé-
missait et soupirait à la
vue des angoisses de son
divin fils.

Qui pourrait retenir ses
larmes, en voyant la Mère
de Jésus-Christ dans cet
excès de douleur ?

Qui pourrait contempler
sans une profonde tristesse
la Mère de Jésus souffrant
avec son fils ?

Elle voit Jésus livré aux
tourments et déchiré de
coups pour les péchés de
sa nation.

Elle voit ce fils bien-
aimé, mourant, délaissé
jusqu'au dernier soupir.

O Mère pleine d'amour,
faites que je sente votre
douleur, que je pleure
avec vous.

Faites que mon cœur
soit embrasé d'amour pour

Jésus-Christ, et ne songe qu'à lui plaire.

O sainte Mère, imprimez profondément dans mon cœur les plaies de Jésus crucifié.

Partagez avec moi les tourments que votre fils a daigné subir pour moi.

Faites que je pleure pieusement avec vous, et que je compatisse, tous les jours de ma vie, aux souffrances de votre fils crucifié.

Désormais je veux demeurer avec vous au pied de la Croix, et m'associer à vos douleurs.

O Vierge la plus pure des vierges, ne repoussez pas ma prière ; faites que je pleure avec vous.

Que je porte en moi la mort de Jésus-Christ, le poids de sa passion et le souvenir de ses plaies.

Faites que, blessé de ses blessures, je sois eni-

In amando Christum Deum,
Ut sibi complaceam.

Sancta Mater, istud agas.
Crucifixi fige plagas
Cordi meo valide.

Tui nati vulnerati,
Tam dignati pro me pati,
Pœnas mecum divide.

Fac me tecum pie flere,
Crucifixo condolere,
Donec ego vixero.

Juxta Crucem tecum stare,
Et me tibi sociare
In planctu desidero.

Virgo virginum præclara,
Mihi jam non sis amara;
Fac me tecum plangere.

Fac ut portem Christi mortem,
Passionis fac consortem,
Et plagas recolere.

Fac me plagis vulnerari,

Fac me Cruce inebriari,
Et crurore filii,
  Flammis ne urar
    succensus,
Per te, Virgo, sim de-
  fensus
In die Judicii.
  Christe, cum sit hinc
    exire,
Da per Matrem me ve-
  nire
Ad palmam victoriæ.
  Quando corpus mo-
    rietur,
Fac ut animæ donetur
Paradisi gloria. Amen.

vré de cette Croix, et du sang de votre fils.

Vierge puissante, dé-fendez-moi au jour du jugement, afin que je ne sois pas la proie des flammes éternelles.

O Jésus. accordez-moi, par votre Mère, qu'au moment où je quitterai ce monde, je reçoive la palme de la victoire.

Et lorsque mon corps mourra, obtenez à mon âme la gloire du paradis. Ainsi soit-il.

PRIÈRE DU MEMORARE.

MEMORARE, ô piissima virgo Maria, non esse auditum a seculo, quemquam ad tua currentem præsidia, tua implorantem auxilia, tua petentem suffragia, esse derelictum. Ego, tali animatus confidentia, ad te, virgo virginum mater, curro, ad

SOUVENEZ-VOUS, ô très-pieuse vierge Marie, qu'on n'a jamais entendu dire qu'aucun de ceux qui ont eu recours à votre protection, imploré votre secours et réclamé votre assistance, ait été abandonné. Animé d'une pareille confiance, ô Vierge des vierges et ma Mère !

je cours, je viens à vous, et, gémissant sous le poids de mes péchés, je me prosterne à vos pieds. O Mère du Verbe ! ne rejetez pas mes prières, mais écoutez-les favorablement et daignez les exaucer.

te, venio, coram te, gemens, peccator, assisto : noli, mater Verbi, verba mea despicere, sed audi propitia, et exaudi.

PRIÈRE : O MA SOUVERAINE.

O ma Souveraine ! ô ma Mère ! je m'offre à vous tout entier ; et, pour vous donner une preuve de ma dévotion, je vous consacre aujourd'hui mes yeux, mes oreilles, ma bouche, mon cœur, ma personne tout entière.

Puisque je suis à vous, ô ma bonne Mère ! conservez-moi, défendez-moi comme votre propriété et votre possession.

ACTE DE CONSÉCRATION

Au très-saint Cœur de Marie.

Il est bon de renouveler cet acte à chaque fête de la Sainte Vierge.

O très-saint cœur de Marie ! Cœur le plus beau, le plus pur et le plus noble, que la main toute puissante du Créateur ait formé après celui de Jésus, source intarissable de bonté, de douceur, de miséricorde et d'amour ; modèle de toutes les vertus les plus excellentes et de toute perfection ! Cœur sacré, qui fûtes surtout embrasé de la charité la plus ardente et qui aimez Dieu vous seul plus que tous les Chérubins et les Séraphins ! Cœur miséricordieux, qui ressentez si vivement mes misères, qui avez souffert des douleurs immenses pour mon salut et qui formez tant de désirs ardents pour mon bonheur, daignez agréer cet acte de ma consécration.

Prosterné devant vous, je me consacre à vous, et j'ose vous offrir mon pauvre cœur, jusqu'à présent si ingrat, afin que vous daigniez en prendre pleine possession pour en diriger tous les mouvements, et le rendre entièrement semblable au vôtre.

Désormais, ô Marie, votre Cœur immaculé sera l'objet de ma vénération et de mon amour, il sera ma ressource dans mes besoins, mon asile dans les tentations, ma consolation dans mes peines. Quand mon cœur sera dans la tiédeur, c'est auprès de vous que je viendrai le ranimer ; quand il tombera dans l'abattement et la faiblesse, c'est près de vous

que je viendrai le fortifier ; si mes amis
m'abandonnent, si mes ennemis me pour-
suivent, si la vue de mes péchés me cons-
terne, si le monde et le démon redoublent
d'efforts pour me perdre, je viendrai me
jeter avec confiance dans votre Cœur,
comme un faible enfant dans le cœur
d'une mère tendre et puissante ; et dans
ce Cœur saint, je trouverai un refuge
assuré tous les jours de ma vie et à ma
dernière heure.

O Cœur de la plus tendre des mères,
Cœur sacré, refuge des pécheurs, priez
pour moi ; consolation des affligés, priez
pour moi : doux espoir des mourants,
priez pour moi.

Messe votive de la sainte Vierge.

INTROÏT.

SALVE, sancta Parens,
enixa puerpera Re-
gem, qui cœlum ter-
ramque regit in sæcula
sæculorum. *Ps.* Eruc-
tavit cor meum verbum
bonum : dico ego opera
mea Regi. ℣. Gloria

JE vous salue, ô Mère
sainte, qui avez enfanté
le Roi qui gouverne le ciel
et la terre dans tous les
siècles. *Ps.* Mon cœur a
proféré avec joie une heureuse parole : c'est au
Roi que s'adressent mes

chants. ℣. Gloire au Père. Je vous salue.

Collecte. Daignez, Seigneur, donner en tous temps à vos serviteurs la santé de l'âme et du corps, et accordez-nous, par l'intercession de la bienheureuse Marie toujours vierge, d'être délivrés des maux de la vie présente, et de jouir dans le ciel de l'éternelle félicité. Par N. S. J.-C.

Lecture du livre de la Sagesse. — Eccle , 24.

J'AI été créée dès le commencement et avant les siècles ; je ne cesserai point d'être la suite des âges ; j'ai exercé mon ministère devant le Seigneur dans la maison sainte. J'ai été affermie dans Sion, j'ai trouvé mon repos dans la cité sainte, et ma puissance est établie dans Jérusalem. J'ai pris racine dans le peuple que le Seigneur a honoré, dont l'héritage est le partage de mon Dieu, et j'ai établi ma demeure dans l'assemblée de tous les Saints.

Patri. Salve, sancta Parens.

Collecte. Concede nos famulos tuos, quæsumus, Domine Deus, perpetua mentis et corporis sanitate gaudere, et gloriosa beatæ Mariæ semper virginis intercessione, a præsenti liberari tristitia, et æterna perfrui lætitia. Per Dominum.

Lectio libri Sapientiæ. — Eccle., 24.

AB initio, et ante sæcula creata sum, et usque ad futurum sæculum non desinam, et in habitatione sancta coram ipso ministravi. Et sic in Sion firmata sum, et in civitate sanctificata similiter requievi, et in Jerusalem potestas mea. Et radicavi in populo honorificato, et in parte Dei mei hæreditas illius, et in plenitudine Sanctorum detentio mea.

Graduel. Benedicta et venerabilis es, Virgo Maria : quæ sine tactu pudoris, inventa es Mater Salvatoris. ℣. Virgo Dei Genitrix, quem totus non capit orbis, in tua se clausit viscera, factus homo.

Alleluia, alleluia. ℣. Post partum, Virgo Maria : quæ, sine tactu pudoris, inventa es Mater Salvatoris. ℣. Virgo Dei Genitrix, quem totus non capit orbis, in tua se clausit viscera, factus homo.

Alleluia, alleluia. ℣. Post partum, Virgo inviolata permansisti : Dei Genitrix, intercede pro nobis. Alleluia.

Sequentia santi Evangelii secundum Lucam. — Cap. 11.

IN illo tempore : Loquente Jesu ad turbas, extollens vocem quædam mulier de turba, dixit illi : Beatus venter qui te portavit,

Graduel. Vous êtes bénie et digne de toute vénération, ô Vierge Marie, qui, sans que votre virginité ait reçu aucune atteinte, êtes devenue la Mère du Sauveur. ℣. Vierge Mère de Dieu, celui que le monde entier ne peut contenir a bien voulu, en se faisant homme, se renfermer dans votre sein.

Alleluia, alleluia. ℣. Vous êtes demeurée sans tache après votre enfantement, ô Vierge sainte : Mère de Dieu, intercédez pour nous Alleluia.

Suite du saint Évangile selon saint Luc. — Ch. 11.

EN ce temps-là, Comme Jésus parlait à la foule, une femme, élevant la voix au milieu du peuple, lui dit : Heureuses les entrailles qui vous ont porté, et les mamelles qui vous ont allaité ! Jésus reprit : Heureux plutôt ceux qui écoutent la parole de Dieu, et qui la pratiquent !

Offertoire. Je vous salue, Marie, pleine de grâces : le Seigneur est avec vous ; vous êtes bénie entre toutes les femmes, et le fruit de vos entrailles est béni.

et ubera quæ suxisti. At ille dixit : Quinimo, beati qui audiunt verbum Dei, et custodiunt illud. — Credo.

Offertoire. Ave, Maria, gratia plena ; Dominus tecum; benedicta tu in mulieribus, et benedictus fructus ventris tui.

Secrète. Faites, Seigneur, par l'intercession de la bienheureuse Marie toujours vierge, que cette oblation nous obtienne la paix en cette vie et la gloire éternelle en l'autre. Par Notre-Seigneur Jésus-Christ.

PRÉFACE.

DANS tous les siècles des siècles.

℞. Ainsi soit-il.

℣. Le Seigneur soit avec vous.

℞. Et avec votre esprit.

℣. Elevez vos cœurs.

℞. Nous les avons vers le Seigneur.

℣. Rendons grâces au Seigneur notre Dieu.

℣. Cela est juste et raisonnable.

PER omnia sæcula sæculorum.

℞. Amen.

℣. Dominus vobiscum.

℞. Et cum spiritu tuo.

℣. Sursum corda.

℞. Habemus ad Dominum.

℣. Gratias agamus Domino Deo nostro.

℞. Dignum et justum est.

VERE dignum et justum est, æquum et salutare, nos tibi semper et ubique gratias agere, Domine sancte, Pater omnipotens, æterne Deus. Et te in Transfixione beatæ Mariæ semper virginis collaudare , benedicere , et prædicare. Quæ et Unigenitum tuum sancti Spiritus obumbratione concepit, et, virginitatis gloria permanente, lumen æternum mundo effudit, Jesum Christum Dominum nostrum. Per quem Majestatem tuam laudant Angeli , adorant Dominationes, tremunt Potestates ; Cœli, cœlorumque Virtutes, ac beata Seraphim, socia exsultatione concelebrant. Cum quibus et nostras voces ut admitti jubeas deprecamur supplici confessione dicentes.

IL est véritablement juste et raisonnable, il est équitable et salutaire de vous rendre grâces en tout lieu, Seigneur saint, Père tout-puissant, Dieu éternel, de vous louer, de vous bénir et de vous glorifier en ce jour de la *** de la bienheureuse Marie toujours vierge ; qui, après avoir conçu votre Fils unique par l'opération du Saint-Esprit, mit au monde, en conservant sa virginité sans tache, la lumière éternelle , Jésus-Christ, notre Seigneur. C'est par lui que les Anges louent votre Majesté, que les Dominations l'adorent, que les Puissances la révèrent en tremblant, et que les Cieux, les Vertus des cieux et les bienheureux Séraphins célèbrent ensemble votre gloire avec des transports de joie. Nous vous prions de permettre que nous unissions nos voix à celles de ces esprits bienheureux, humblement prosternés.

pour chanter avec eux,

Communion. Heureuses les entrailles de la Vierge Marie, qui ont porté le Fils du Père éternel.

Postcommunion. Seigneur, qui nous avez fait recevoir dans ce sacrement le gage du salut éternel, ne cessez point de nous accorder votre protection par l'intercession et par les prières de la bienheureuse Marie toujours vierge, en l'honneur de laquelle nous avons offert ce sacrifice à votre souveraine Majesté. Par N. S. J.-C.

Communion. Beata viscera Mariæ Virginis, quæ portaverunt æterni Patris Filium.

Postcommunion. Sumptis, Domine, salutis nostræ subsidiis, da, quæsumus, beatæ Mariæ semper virginis patrociniis nos ubique protegi, in cujus veneratione hæc tuæ obtulimus Majestati. Per Dominum nostrum Jesum Christum .....

TABLE.

--

LAVAL, TYPOGRAPHIE DE A. MARY-BEAUCHÊNE

IMPRIMEUR-LIBRAISE DE L'ÉVÊCHÉ.

Notre-Dame du Chêne